破茧

Do better
Do more

从程序员到 CTO 的创业之路

肖劲青 罗志勇

著

中国致公出版社

推荐语

（以收到的时间先后为顺序）

过去三十年，中国新经济周期下，最强大的动力引擎，就是这三个字：程序员。所有的奇思妙想、所有的激烈战火、所有的暴富暴跌，九成以上都和程序员挂钩。程序员这个新职业群体，是一个空前经济变革的原始动力，是一代梦想狂人的底层基石。但是，市场已经变化，资本已经变化，规则已经变化，只会埋头写代码专研新语言的程序员，把命运交给各种 CEO 的日子已经结束。这是坏事，也是好事。程序员之路，已经宽广到一眼无尽，分支已经多到一塌糊涂。

这本书的作者，懂创业、懂技术、懂职场、懂项目交付、懂人性博弈、懂“大厂”权利的复杂性、懂创业的各种坑、懂底层思维迭代……懂新一代程序员该懂也不得不懂的所有内容。读完这书，你才会明白，什么叫“不想当哲思者的创业人不是好程序员”。

——潘越飞（锌财经创始人）

全球发展趋势正在从传统经济时代转向互联网数字经济时代，我国也在积极推进数字产业化、产业数字化，引导数字经济和实体经济深度融合，互联网行业迎来了新的数字化发展机遇。杜仲和老罗前期抓住了通信和互联网行业飞速发展的浪潮，在互联网和创业领域积累了丰富而宝贵的经验。

本书中，老罗以平易近人的口吻讲述了自己的亲身经历和感悟，启迪读者对于事业、人生、选择等问题进行深度反思，并诚恳地给出了自己的建议。通篇以亦师亦友的话语站在读者的角度竭力将毕生经验倾相传授的态度着实让人感动，相信“程序猿”、创业者、高管甚至毕业生等各类读者都会感受到巨大的关怀和帮助。

本书首先发出了灵魂三问：适不适合创业、为什么创业，以及创业中会遇到哪些常见问题，先从顶层的思维格局上帮助读者理清思路。正文部分分别从 CTO 成长和创业公司运营两个角度为当下互联网创业者提供了细致的行动指南。创业到一定程度上升为人生价值追求，两位智者最终归结到两点：多反思、多读书。

当下互联网已经发展到数字经济的新阶段，需要更多的 CTO 和创业者抓住机遇，推动经济社会的创新发展。本书对技术性创业人才在各个阶段和各项工作上都给出了中肯的建议，手把手指导创业者经营公司的各个流程和细节，值得各位读者认真学习，细细品味。在此也借老罗的话告诫所有创业者：创业如登山，急不得，慢不得；创业如修行，团队合一，方能登顶。

——金宇峰（浙江大学民营经济研究中心研究员）

非常感恩劲青、志勇见用心描绘技术人员成长、创业、蜕变的心路历程。自己作为一个技术创业者，深切感受在创业路上资源缺乏，以及从技术向营销、管理转变的痛苦与纠结。这一篇篇真挚的心得分享一定能够帮助技术人员快速成长，为创业加速！

——李彦辉（公约数科技CEO）

杜仲和老罗汇集了自己丰富的阅历和认知，系统地梳理了工程师到CTO的成长之路，有框架，还有方法，非常值得有理想的工程师们作为成长宝典！

——李贵宾（精准学CTO）

对于一个偏销售型的创业者来说，优秀的CTO一直是神一般的存在，更是朝思暮想的合作伙伴。看完这本书，让创业者们轻松走入CTO们的内心世界，彼此交出后背，会让创业之旅变得更加高效，更加难忘。一个人对做过的事情做出归纳总结已经很不容易，把归纳的东西再写出来，更是难上加难，感谢老肖和老罗的倾情分享。

——王伟力（小虫科技董事长）

大众创业、万众创新的时代，程序员如何走上创业之路？会遇到什么样的问题和挑战？又如何去应对？这本书为你带来不一样的程序人生。

——李智慧（《大型网站技术架构：核心原理与案例分析》作者）

从技术岗成功创业的案例少之又少，杜仲同学是我所见的为数不多从“大厂”出来，既有丰富的技术能力，又有极强运营能力的小伙伴，而技术＋运营是创业成功的必备条件。他把自己多年的经验揉进了这本书，对于想要转型成为多面型人才的小伙伴来说，这本书能帮助他们实现从0到1的过渡。

——谭磊（中国工业设计协会CIO iTechClub杭州会长）

如果多年以后我们回看2020年，会发现这是中国历史上非常重要的转折年。年初开始的疫情彻底引爆了互联网对传统产业的赋能，大国竞争和长期博弈的格局促使中国经济向核心科技附加值迅速转变。每个人在此时作出的艰难选择，都将决定许多年后我们的成就和结局。

收到杜仲和老罗的新书是我今年最好的礼物。我和老罗是中国网通的同事，少年相识之后各自在不同行业奋斗，近二十年亦师亦友。这些年他人生有规划，做事能自律，多次切换职业赛道，始终不忘初心，成功地实现了自己的少年梦想。本书是他们的经验之谈，对年轻的技术人极具参考价值。感谢杜仲和老罗的分享，希望有缘读到此书的年轻工程师们不管日子多忙碌也不忘学习，无论生活多奔波也不忘初心，能借助前辈、过来人的肺腑之经验，规划好自己的前程。祝有梦者心想事成！

——高昊（龙工集团CIO）

这本书是阿里校友肖劲青传承阿里人的使命感，推动技术帮助世界更进步、更美好的新的一步。本书值得推荐。

——寿远（淘宝创始团队成员、前橙会理事）

杜仲和老罗两位从江西小镇走出来的老乡，在经历过几段不同的人生轨迹之后最终还是走到了一起。他们通过多年的技术、创业、投资等经历，复盘、总结、讨论出一本有关技术及创业的好书，如果瑞·达利欧的《原则》是一本生活和工作的指南，那么这就是一本关于技术和创业的指南。

多年前通过杜仲发起的芒格读书会和他结识，对他多年的坚持和经历非常佩服。作为一个曾经的技术人，我创立了“内推网”，为数百万技术人才提供求职服务，深感一家创业公司技术管理对企业发展的重要性。但市面上很难找到一本对创业和技术讲得很透的书籍，而这本书的内容正好补上了这块。细品了书中的种种真实案例，对“如何开创及经营一家公司”“如何找到合适的 CTO”“如何提升自己的认知”等多个方面都有覆盖，如果你现在想创业或正在创业，或正在寻找技术合伙人一起创业，你一定会遇到很多问题，在本书也许就可以找到你要的答案和启发。

——李程（内推网 + 生活平台小社创始人）

认识老肖（杜仲）是在阿里巴巴平台技术部的时候，那时候老肖整体负责阿里巴巴运维自动化平台的产品技术与推广，可以说是当年平台技术部独当一面的大将。随着阿里内部的变化，我和老肖再次相遇就感慨良多了。老肖比我早几年出来创业，也早早完成了从一个技术人（专家）到 CTO（管理者与领导者）再到 CEO（组织者与企业家）的三级跃升。在这本书里老肖现身说法，以自己在现实世界中持续成长的经历，为读者带来了极有价值的创业与成长性思考，千金成本换来的实战经验与超级干货，绝对值得每一位技术人阅读并细细品味。每个人的人生经历都是单行线，创业者之路更是色彩斑斓的单行线，但肯定更加绚丽与多彩。祝每一位技术出身的创业者百炼成钢，玉汝于成！

——王福强（福强科技创始人，前天猫和挖财首席架构师）

我和杜仲在阿里巴巴共事多年，他在技术、管理、沟通等多方面的综合能力给我留下了非常深刻的印象。我们也先后离职创业，虽然做的是不同的事情，但今天回头看创业路上遇到的各种问题，在这本书中居然都提到了，而且给出了答案，关键还非常落地。创业是条不归路，需要你具备各种各样的能力，再加上一些运气，才有可能活下来。是的，只是活下来。所以做这个选择之前，一定要想清楚。带着这些问题去看这本书，一定能帮助你做出最适合自己的选择。

——陈栋（沃趣科技创始人&CEO）

有幸成为这本新书的首批读者。两位作者从自己的实践出发，剖析和思考，娓娓道来，让人手不释卷。选择创业，是在挑战未来和自己的极限。面对跌宕起伏的不确定性，原来习惯的方法有不适用的时候，有新的技能需要掌握。同时，变化中也有不变的部分，学习、自律和主动适应的要求不仅不变，而且还要求更高。

两位作者对角色的转换有深刻的观察与思考，所形成的方法论通过本书得以系统地表达。他们准备充足，从他们的读书笔记可以看出，创业不仅仅是业务上的单点突破，而是对全面素质的一次总的检阅；他们观察细致，对于苹果电脑的使用这些细节体会都有谈到；他们思考深远，不仅涉及业务，也包括人与人的关系处理等。

老罗尚未到中年，前些年体态已经颇为“丰满”，这几年从快走起步开始长跑，到现在每天坚持十公里以上的距离，风雨无阻，不仅体态恢复从前，而且神清气爽，元气满满。杜仲博览群书，特别是对经典著作反复研读，总结提炼为其所用，并乐于分享。更重要的是行胜于言，他们投资和创业的业绩能够说明这是来自一线鲜活的总结，绝非纸上谈兵。无论是程序员还是产品或市场人员，无论是在大公司工作还是已经在创业的路上，书中的这些分析思考都会对其大有裨益。

——何华杰（紫光集团副总裁）

我与杜仲相识多年，曾在同一家公司共事，他负责构建公司内的自动化运维框架。他身上有一种优秀工程师特有的气质，一种自信而谦恭，即游刃有余又诚心正意的气质，让人很容易产生亲近感和信任感。

后来他离开阿里创业，跌宕起伏经历了许多。我记得有段时间他不得不去收拾自己参与的某个团队的烂摊子，非常艰难。有一次我们相约在咖啡馆，他跟我分享遇到的糟心事，我一个外人听来都觉得心力交瘁，手足无措。而他还是能够按部就班地解决问题，举手投足间并不慌乱。

那之后一段时间他开始研读查理·芒格的作品，时常组织大家共读讨论，持续至今。能将一本书反复精读至深，既是定力，也是功力。而这两个特质，在我看来恰好就是杜仲身上的闪光点。

如今他将自己的创业经验和反思集结成著，我认为非常难得。从他的书稿中仍见他对创业的热情，同时又不乏理性和条理。我喜欢他在书中的真诚，一如十年前他在介绍自己工作成果时的模样。如果你也在经历创业，或计划启动自己的事业，抑或想以创业者的心态做好自己的工作，相信这本书会对你有所启发。

——邱岳（二爷鉴书出品人）

自　序

创业如修行

从来没有想过我和杜仲会与创业沾上边，但围绕创业，我们俩切切实实做了很多年。我和杜仲一起懵懵懂懂地从江西的一个小县城走了出来。原来以为就是出来上大学，见见世面，毕业后有可能回江西建设家乡，但没有想到的是，毕业以后，就再也没能回去。我从小在乡下的邮电局的院子里长大，大学学的是通信工程，毕业那年，我顺理成章地成了一个通信网络设计工程师。杜仲的父亲是一位乡村中学的校长，杜仲在学校的琅琅读书声中茁壮成长，从小就有“好为人师，传道授业”的志向。他大学学的是机械自动化专业，却歪打正着成为一位软件工程师，在见证了第一、二次互联网的巨大浪潮之后，又成为一个坚实的互联网创业者。在中国改革开放四十年的后二十年这段时间里，和我们两个一样的数以千万计的工程师们造就了不同产业（电商、新零售、物流、快递、互联网金融等）的中国奇迹。

我的第一份工作是在邮电部设计院无线处当工程师，在那个年代是一份非常吃香的工作，而且在行业内有着非常不错的发展机会。我所在的邮电部设计院既是部里的直属业务单位，又可以为邮电部、中国联通、中国电信、中国移动等单位提供通信行业内最高等级的全程全网的技术咨询和网络设计服务，从某种意义上讲可以认为是那个年代响当当的铁饭碗。工程师没有做多久，中国通信发展最高速的时代开始了，而且持续了数十年。我国通信业从未有过如此波澜壮阔的高速发展，这种时代变革的大背景，正好给了我们这批年轻的工程师百年难遇的发展机遇。在20世纪90年代中后期，中国通信发展滞后，严重影响了各产业的发展，国家层面也意识到这个瓶颈，大力支持邮电部发展通信的基础网络，并且要求有线（光纤）和无线（移动）同时推进，年年建设，年年扩容。也正是因为经过有史以来最大规模的通信基础网络建设（大规模的建设时间持续了近十年），才有中国非常完整的有线（光纤）和无线（移动）通信网。在第一次完整的全国性通信网络基础上，中国诞生了如新浪、搜狐、网易、盛大等第一代互联网巨头企业。

1997年，我和杜仲只有书信来往，当时的计算机还不是很普及。由于我们学校是部属重点院校，学校非常重视计算机专业的发展，当时学校的计算机中心有一个由美国IBM公司捐赠的完整的比较先进的计算机机房。在那个当时普遍低端的“286”电脑时代，我们机房里罕见地齐刷刷摆着几十台高配“486”IBM电脑。这是当时我能接触到的、最先进的计算机机房，第一次接触到那么神奇却极简陋的Internet网（中国教育网，当时只有北京市的四所高校联网），鼠标点进去需要等很久的时间才能出来一个页面，而且内容非常简陋，上面除了简单介绍的文本和校门图片之外，再没有其他信息。我把我看到的情况似懂非懂地写信告诉了杜仲，那是我和他第一次谈什么是互联网，也是他第一次听说这个神奇的却虚无缥缈的事物。

2001年4月，我主动从原单位辞职，加入当时最年轻也最火的电信运营商中国网通（控股）有限公司，并因为工作表现优秀，当年年底从广州（华南）分公司选调进入公司总部，回到了阔别已久的北京。初回北京，我和杜仲一起合住在北京交大南门的大柳树（现在的富海中心）。那时工作都不忙，周末有空就一起去附近的北京交大打羽毛球。他当他的幸福的“程序猿”，我做我的通信工程师，工作上没有任何交集。

2003年6月，中国网通集团内部组织结构发生巨大变化，其中最重要的变化之一就是在上海成立了南方区域总部。当时集团内选拔了一批年轻的优秀技术骨干南下上海，去筹备南方区域总部。我是第一批先遣队成员之一，并在当年筹备工作完成后，全职加入了中国网通集团南方分公司。在南方公司期间，我全程参与了当时最热门的3G实验局的建设和测试工作。整个实验局项目由信息产业部总体统筹安排，各大运营商分别承接了信息产业部指派的各种制式的3G（WCDMA、CDMA2000及TD-SCDMA）上海实验局项目，同时，各单位各自负责实验局的整体规划、建设及测试工作。大家在快速开展实验局项目建设和测试工作的同时，都在信心满满地憧憬3G时代的到来。但事与愿违，通信行业那些年风云变幻，数次发生重大变革：运营商之间重组合并、中国电信南北分拆、3G牌照发放等。2004年由于中国网通集团内部战略调整，南方分公司整体撤销，我选择去了离上海最近的杭州，工作关系也调入中国网通集团浙江省公司。

每个人的人生永远没有固定的剧本。2005年，因为家庭发生巨大变故，我陷入人生的最低谷，彻底失去了奋斗的方向。2006年，我选择主动从网通集团离职，一个人远走新加坡，从一家世界500强的央企，跳槽去了另一家世界500强——美国Oracle（甲骨文）公司。在新加坡财富喷泉边上的海景办公室，我安静地度过了三年平淡时光。安静的日子没有过多久，2009年席卷世界的金融危机很快蔓延到了新加坡，美国Oracle公司亚太区也开始进行重大的战略调整，亚太区整个负责中国业务的团队要整体迁移回中国北京。在犹豫和挣扎数夜之后，我再次选择主动辞职，和家人商量后，作出了回国的正确决定。我回到了杭州美丽的西子湖畔。同年，杜仲也由北京辞职，选择南下和我会合，入职当时如日中天的阿里巴巴集团，在杭州开始了他人生最重要也是最精彩的一段工作历程。这段工作历程不仅补上了他一线互联网公司的工作经历，也为他未来数次创业打下了非常好的基础。

2009年1月7日，中国工业和信息化部正式给中国移动集团、中国电信集团、中国联通集团分别颁发了TD-SCDMA、CDMA2000、WCDMA的3G牌照。3G牌照发放后，中国移动集团、中国电信集团、中国联通集团历经2至3年分别完成了各自的3G移动网建设，在这期间，天才的苹果创始人乔布斯发明的iPhone手机引爆了第一次移动互联网。在这波移动互联网浪潮中，又诞生了如腾讯、阿里巴巴、百度等世界级的互联网行业巨无霸。作为一个“70后”的通信老兵，我有缘参与和经历了中国通信和互联网跨行业的数次飞跃式发展，实乃幸事。

2009年10月，我懵懵懂懂地开始了第一次跨界创业生涯。杜仲的创业开始于2012年。在我们各自的那段创业时光里，我们对待每一次创业都像年轻人谈恋爱一样，义无反顾地投入自己的资金、智慧、人脉资源，全身心地努力工作。但现实是残酷的，杜仲的前两次创业都是所托非人，最终以身心疲惫结束。

2015年，我转型成为一个TMT创投基金的合伙人，有了更多的与各类（早期、中期、晚期）创业者接触的机会。每年直接或间接审看的项目有近百个，每一个创业项目的后面，都有一个有着非凡梦想的团队。同时，每一个创业者后面也许都是一部难言的血泪苦难史。成功的项目成功的原因往往类似，失败的项目失败的原因却各不相同。

从1998年后近二十年间，我经历了中国通信业数次翻天覆地的变革，杜仲经历了中国互联网的第二波高速发展。虽然我们两人行进的路线不一样，但是有缘的人还是会相遇、相交。2017年，杜仲艰难地结束了上一个创业项目，终于有了大量空余时间。在那段时间里，我们经常一起复盘。

1. 是什么原因让已经在杭州这个竞争激烈的市场上树立起来的优秀品牌轰然倒下？

2. 是什么让我们对近200人的团队无能为力，最后作鸟兽散？

3. 是什么让我们忘记了初心？

4. 是什么让我们的投资人对我们创始人的团队失去了信心？

5. 作为联合创始人之一（CTO）做错了什么？

6. 换位思考：如果当时我是CEO会怎么样？

7. 如果投资人再给我一次机会，我会怎么做？

大部分创业项目的开始都是幸福的，而失败之后的复盘却是痛苦的。因为公司已经关闭，我们都有自己的大量时间，可以在独处的时候思考，可以一起爬山的时候热烈地讨论。那段日子，我们把原来没有时间去的地方转了个遍。经常在最清醒的上午，去西湖边、玉皇山、云栖竹径、虎跑公园的贵人阁、灵隐寺的上香古道等地。我们在爬了N次玉皇山，走了N次上香古道，喝了N次茶后，终于在灵隐寺悠长的钟声中想明白：

1. 创业只有起点，没有终点。

2. 创业如登山，急不得，慢不得。

3. 创业如修行，机缘重要，没有退路，初心无悔，团队合一，方能登顶。

在想明白这些问题之后，两人终于从创业失败的痛苦煎熬状态中解脱出来。多次的复盘、总结及讨论，所有的过程我们都顺手记录了下来，这些记录大部分成了这本书中的文字，与众多准备创业和正在创业的朋友们分享，希望对你们有点用。

2020年5月31日于杭州

目　录

第六章　浅谈创业中的一些心得

第七章　百战归来再读书

第一章

迷茫的工程师

不曾想到的中年危机

软件工程师一过30岁，中年危机的感觉瞬间降临。我们先来定义一下什么是中年。我认为软件工程师的中年，基本上是以30岁为分界线，一般来说本科毕业22岁左右，到30岁差不多工作了8年；硕士毕业25岁左右，到30岁差不多工作了5年，这也是我常说的技术人员工作了5～8年的时间。那什么是危机呢？技术人员在一家公司一般工作了2～3年就会有跳槽的想法，阿里巴巴集团创始人马云说过，技术人员跳槽无非是两个原因：

1. 钱给得不到位。

2. 受委屈了。

所以才会有跳槽一次工资大涨一次的说法。按照这个算法，软件工程师到中年的时候，一般都会有2～3次的跳槽经历。然后再有跳槽想法的时候，就会发现自己比较迷茫：这么跳来跳去到底是为什么？

关于跳槽，由于软件工程师的特性，很多时候是由于不舒服了、薪资太低了等原因，或者有个比现在多2000～3000元的月薪的机会，就跳过去了。其实我认为这种跳槽是最没有价值的。有句话说：换行不换岗，换岗不换行。在跳槽的时候一定要想清楚，自己当时来这家公司的目的是什么，经历了2～3年有没有达成自己预定的目标。如果因为公司环境不行、领导不行，那么在当初考察公司的时候为什么没有去了解清楚呢？如果是因为自己不努力没有达到目标，那换个公司真的能解决问题吗？跳槽，一定是要结合自身的诉求去跳，也一定要在一家公司达到自己最初的目标后，当前公司无法满足自己的下一个阶段目标再考虑，只有在这样的思路下，你的跳槽才有价值。

为什么软件工程师到了30岁左右会出现危机感呢？

1. 年轻人到了30岁的年纪，一般家里都会催婚了，其他行业的同龄人早就结婚了，也都有小孩了，很多软件工程师还是“单身狗”，家里人催得紧，自己内心其实也挺着急的。

2. 由于多次跳槽，很难被提拔到比较高的技术管理岗位，甚至有时候都未必能做到团队核心的位置，所以在团队里总有一股无形的压力。

3. 年轻一代的新程序员如春笋般冒出来，一茬一茬的比自己小10多岁的年轻同事加入团队，加班是他们的强项，而自己总有些体力跟不上的感觉。

4. 自己经过这么多年的加班加点打拼，虽然有不少经验，但好像身体也有点撑不住了，体力大不如前，甚至身边这个年龄段的同事有些因加班而倒下被送去医院，自己也必须关注健康了。

以上这些方面的种种现象，会让30岁左右的软件工程师感到压力，开始思考自己未来的人生怎么走、到底活着是为了什么等哲学问题。

这个年龄段的工程师不仅到了发展的瓶颈期，更加面临一个非常重要的职业十字路口。如果这个阶段能在好的公司（如阿里巴巴、腾讯、百度、字节跳动等）工作，不太需要考虑这些问题，因为公司内部发展机会很多，而且待遇和福利都很好，只要踏踏实实做下去，纯技术方面也可以做到很高的级别，待遇并不会比同级别的管理层低。但普通公司可不是这样，因为老板要考虑公司利润最大化，同样的工作如果刚毕业的学生就能做，为什么要雇用虽然经验多一些但薪水要贵好几倍的老程序员呢？

作为一个面临中年危机的软件工程师，应该怎么办呢？我能给出的建议如下：

1. 一定要重视身体健康，无论你未来能赚多少钱，能做到多高的职务，如果健康没了，一切都将归零。所以一定要知道什么是健康饮食、什么是良好的作息规律，也要知道适当加强运动是增强体质最好的方法。

2. 在可不跳槽的时候，尽量不要去跳槽。因为你在这家公司碰到的不舒服在其他公司也会有，只是让你不舒服的方式可能不一样而已。要尽可能在现在工作的公司找到自己发挥的空间，多帮助其他同事，成就他人能让你在团队里变得更受欢迎，自己也更容易有满足感。

3. 人到中年，不要太计较眼前的薪资待遇，更多地去考虑如何提升自己的做事和思考能力，积极提升自己的认知和格局。

4. 在经济条件允许的情况下投资自己的头脑和身体，只有这两样是永远属于你自己的，别人用任何办法都夺不走。想想自己有多久没有认真读完一本书了，世界上那些知名的伟人、企业家，哪一个不是非常热爱读书的？

5. 在职业发展方向的选择上，如果不考虑自己创业，一定要尽可能到大公司去锻炼一下，特别是阿里巴巴、腾讯、百度、字节跳动之类的公司。然后认真审视自己适合走技术专家路线还是管理路线，找到适合自己的定位和方向，这样后面的发展可能会更顺利一些。

6. 孔子曰："三人行，必有我师焉。"一定要找到生活中的导师，能对你的人生、职业给出指引，让你在人生、职业的道路上少走很多弯路。多参与一些社交活动，多交一些志同道合的朋友。

7. 如果是女性工程师，要尽量想办法找到自己的人生伴侣，能结婚的话尽量早点结婚，毕竟30岁以上的女性生孩子已经属于高龄产妇了。

中年危机中的正确选择

中年危机中的工程师们，要经过多少纠结和思考？怎么样才能找到自己正确的选择呢？

现阶段的中年工程师，一般是指本科毕业工作8年左右，硕士毕业工作5年左右，年纪30岁上下，这差不多是标准的“人到中年”。在传统行业里干了5~8年，一般就是中层以上的干部了，但在技术领域，还有非常多的技术人员（狭隘点就是指程序员）还在一线奋战，偶尔会带一两个“小朋友”在代码的世界里冲锋陷阵，其实内心是非常焦虑的，我大概懂你的焦虑，今天我们一起来讨论一下在这个十字路口该怎么选择。

常规的粗暴的选择就是走管理路线或技术专家路线。在阿里巴巴和腾讯之类的大公司内部，是可以有这样的选择的，但在一般公司其实根本就没有这样的选择。在阿里巴巴集团，有P（技术）序列和M（管理）序列的明确区分，我当年进阿里巴巴是属于M序列的，加入阿里的时候是M2，在运维自动化产品正式全面使用后，直接晋升为M3。而同时和我一起去晋升面试的另外一个M2同学（我的大学师姐），CTO和技术总监同时给出的评判是她不适合走M路线。因此，同时晋升后我是M3，她则调整为P8。阿里的M和P级都有对应关系的，P主要是以技术专业级别为主，M主要是以团队管理级别为主。在薪资待遇上相对应级别的M和P是没什么区别的，反而由于阿里对技术的认可，P序列的晋升相对更容易一些。

那M和P这两者的主要差别是什么呢？

最重要的是人的特性和做事方式：M系列是管理路线，对人的要求其实更高。M系列不仅要管人、管事，还需要带领团队取得业绩。我当时的团队，加上退市后集团合并到我带的运维支持团队的，一共70多人。M系列需要通过各种管理方法带领团队取得业绩、达成目标，在团队内部通常也会有多个技术能力比他更好的高P工程师。而对应的P8工程师要求带团队，但团队人数一般更少一些，从几人到十几人不等，P8工程师的专业技术能力会是团队里最好的那个，由他通过技术的影响力来领导团队共同提高和进步。

如果你有缘能在这样的大公司工作，其实在这种选择的关口不太难。当然在大公司也会有另外一个苦恼，就是能否晋升并不是完全看能力，有时候也有运气成分在里面。在阿里巴巴内部，经常会说“唯一不变的是变化”。部门重组、人员流动都是非常正常的，有的人甚至可能在一年之内换好几个领导，因为互联网公司发展太快，所以变化也是经常的。

关于个人晋升，阿里巴巴集团每年能晋升的人占总人数的20%左右，这是个整体的硬杠杠，而符合晋升的条件是：

1.能力必须达到要求。

2.年度绩效3.75以上。

3.最重要的，领导认可你，并且跟的时间足够长。

很多人都输在第3条上。如果第1和第2达不到，那就不要去考虑了，是自身问题和团队整体业绩的问题，而第3条是很多工程师没办法明白的道理。例如我当年的团队有一个同事，在我们运维自动化项目组做了2年，过程也非常辛苦，到了马上要晋升的关口他说要转型去做业务，我尽力挽留过他，希望他晋升后再走，但他说那边的机会难得，无论如何也要马上就过去。这样调岗过去的情况，前面两年的工作经历积累对于他来说基本上就白白浪费了。他到新团队后，就算有晋升机会，新团队领导肯定得优先晋升团队原来的老成员，毕竟能进阿里的能力都不会太差，团队业绩好了，在团队时间长的人得到晋升的机会就更大。这位同事在随后的几年里，经历过好几次主动、被动地更换部门和领导，结果超过6年的时间未得到一次晋升。

如果你暂时还没机会到阿里巴巴集团这样的大公司去，而是在相对小一些规模的公司工作，那就要非常慎重地选择，对此我给出以下建议（仅供大家参考）：

1. 无论在哪种类型的公司工作，先把自己手头的事情做扎实，这是确保自己的工作成果有效展现的最佳方式。

2. 跟对人非常重要，你的老板、你的合伙人对你后续的发展影响非常大，关系到他能否给你在成长方面提供足够的支持和答疑解惑，以及给到你有想象的发展空间。

3. 在机会来临的时候，尽一切努力抓住；也要学会分析哪些对你是机会，哪些可能是巨大陷阱。

4. 多看书，多学习，吸取前人的经验和能量，充实自己的实力。

5. 程序员除了技术上的专、精外，还有很多非技术能力需要提升，总在一个岗位做同样的事情，能得到的提升是有限的。

6. 提高自己的视野和格局，跟不同的人打交道，特别是不同领域的高人。在不同段位上的人思考问题的方式是不一样的，多去尝试和理解。

7. 如果有机会独当一面，一定要努力去争取。比如，能独立带一个小分队解决一项技术问题；有机会独立去探索一个新机会；有机会到一个小公司去当技术负责人，等等。

8. 最好能找到你自己的人生、职业导师，很多事情如果有智者（或者叫过来人）给你点拨一下，你可以少走很多弯路。

在第7点提到的，如果有机会到一个小公司去当技术负责人，对这个机会，我自身深有体会。当时我虽然能在技术上的某个领域独当一面，但我未必能很好地理解老板或CEO的战略意图，也未必能很好地做出公司真正需要的产品，因为这些都不是技术本身的事情。当你经历过数次创业，更能领会这种各方不理解的痛苦和个中原因。

写给20岁的自己

Hi，哥们儿：

你好，见字如面！

过完年，你就匆匆从老家回到北京。时间过得真快，一晃你就是二十岁的大小伙子了。火车上沿途的风景你好像已经没有太多的印象了吧，唯有回程的那个早上突然响起的哀乐，让人悲伤。原来是一代伟人小平同志永远地离开了这个他最热爱的国家，最遗憾的是还没有等到一直想去的香港的回归。过完年回到北京，就是最严峻的毕业季，校园公告栏里已经有不少大公司的招聘广告。虽然知道马上要毕业，但是这么快就面临毕业和工作，感觉一切都不是你想象的那样吧？未来选择什么样的路？未来去向哪里？迷茫的夜里，让我们一起聊聊心里话吧。

关于北京初印象

你还记得吗，第一次到北京是在凌晨，整整坐了28个小时的绿皮火车。接你的校车从天安门经过的时候，你的脑袋一激灵一下清醒了，从小唱"我爱北京天安门，天安门上太阳升"，天安门原来是这样的，大大的广场，宽阔的长安街。

关于学习

一晃几年过去了，毕业季有大量的空闲时间，你经常会在夜里骑车到天安门广场转一圈，再回学校；经常在风驰电掣中，脑海里会冒出“我这些年学会了啥？我能在这个大城市留下吗？”几年的大学学习，高深的高等数学、概率论、模拟、数字电子电路、计算机C语言、数据库等，甚至连最难的电磁场，都顺利过关。但是这些知识会有用吗？能在什么地方用上呢？也许你现在还不明白，但告诉你一个秘密，若干年后，你在工作的时候，电磁场理论、高等数学、移动通信的那些公式好像一个个拦路虎一样，不知道从哪里跳了出来，到时候你就会知道这些知识有用了。在学习上没有白费的时间，有可能的话，在英语、计算机、专业课上还是多花点时间，对你的未来真的有用，游戏就不要玩了。如果实在还有空，去考一个驾照吧，未来说不准你每天还要开车上班呢！

关于职业

对于一个学通信工程的大学生来讲，好像做工程师是必然。学校布告栏里已经贴了不少知名企业的招聘广告了，像知名的外企有摩托罗拉、爱立信、诺基亚、朗讯、北方电信（加拿大）、西门子、NEC、阿尔卡特……国内也有不少知名企业，“巨大中华”、巨龙通信、大唐电信、中兴通讯、华为通信，后面还有烽火通信，还有邮电部及直属单位（设计院、研究院、传输所），中国电信、中国移动、中国通信器材公司、中国通信建设总公司等大型国企。听说知名外企薪水高（听说工资好几千起，高的据说能给近万块啊），福利待遇好，出差补助高，不少同学削尖了脑袋往里挤。国企工作稳定，社会地位高，发展机会也不少，也是不少同学的不错选择。而民营企业“巨大中华”，虽然规模已经起来了，但是知名度还不够，估计很多同学还在观望。其实在选择职业的时候，还是建议你多考虑一些优秀的技术岗位，因为不管未来做什么，通信行业的技术基础非常重要，有了基础，无论在技术线发展，还是未来转型销售或市场类岗位，都会稍微轻松一些。没有一个企业可以常青，每一个人也很难一直在一个单位干同一个岗位一辈子。未来的行业和职业会有很大的变化，一定要有能接受随时变化的思想准备。顺便提醒你一下，也许这些外企不一定是最好的，说不准未来中国的本土通信企业也能弯道超车，比如说一个叫华为技术的公司，中华有为，一切皆有可能。祝你好运，找到一个称心如意的好工作。

关于家人

父母亲从小就培养你的独立生活能力，你从中学就开始住校，在家陪伴亲人的时间屈指可数，工作后陪伴他们的时间估计更少。从儿时懂事起，你就经常爬到老家后面的最高峰远眺，一直向往自由，憧憬外面的世界。最终，你实现了自己的梦想，从遥远的小山村走到北京，也许未来你还会走得更远。“父母在，不远游。”如果有机会，多回家看看，陪伴最珍贵。父母亲健在时候，要及时尽孝，因为没有人会知道明天的事。“父母在，我们还知来路；父母不在，我们只剩归途。”

关于健康

二十岁的你，身体棒棒，打一下午篮球都不会感觉累。但是你如果开始上班了，会经常坐着办公，经常出差，也会经常应酬，并拢双腿看不见脚的大腹便便的你不是梦哦！体重上去就很难下来了，所以要保持良好的生活习惯，尽量少熬夜，不喝碳酸饮料，多喝茶。有可能的话保持每周三次的锻炼，这样才能保持良好的身体状态，迎接未来的挑战。

关于家庭

大学如果没有成功地谈一个女朋友是你很大的损失，也许是你太理性，也许是你太晚熟。每个年轻人到了一定的年纪，就应该考虑成家的事情了，虽然不一定马上结婚。美满的婚姻是每个年轻人都向往的，有了稳定的家庭，没有了后顾之忧，事业也会得到积累而顺势向上。如果有可能，选择一个与你的世界观和爱好相近的、性格温和一点的女朋友吧。一切顺利的话，不久的将来，你很快就会有自己温馨的小家，有自己可爱的宝贝，而且说不准会有好几个宝宝呢，我羡慕但不妒忌你。

关于朋友

你从中学开始，就喜欢交朋友。朋友是你少年、青年时代最大的财富之一，如果有时间，多和朋友聚聚，保持日常来往。未来的日子，也许通信会越来越发达，见面难，知心朋友也会越来越少，务必珍惜现在的友谊，多和好朋友保持定期的交流，工作、学习、爱情中的心得体会都可以分享，保持友谊的温度。相聚时偶尔喝点小酒是必须的，但是不要贪杯哦，谁叫你是一瓶啤酒就倒的量。不知道随着年龄的增长，酒量提高没有，但纯粹的酒肉朋友还是少交点为好。

此致

敬礼！

你最好的哥们儿

2020年8月

第二章

码农创业思想录

你适合创业吗?

在筹备找 CTO 项目之前，曾经有多个想创业的朋友找到我们，说希望我们帮他，一起论证分析一下他的创业项目是否可行。我们选其中一个项目，进行了完整的评测，并把这个经典案例分享给大家。通过完整的案例分析、展示，帮助你对照评估自己是否真正适合创业。

这个创业项目的当前业务发展得非常不错，总共不到10个人的团队，每年有200万~300万元的利润。从合同的总体执行情况来看，只要用户不悔约，未来3~5年的利润都是可以保证的，而且还可以再扩大一些规模。这看起来应该是一个非常不错的创业项目，而且基本上稳赚不赔，缺点就是无法像其他一些互联网创业公司那样一年估值翻好几倍。这个项目的创始人W 接触过不少天使投资人，但投资人对该项目给出的估值都非常有限。有一次跟天使投资人谈估值的时候，天使投资人给出了不到500万元的估值。

他说最近特别焦虑，害怕其他人用互联网模式砸钱进来做，那自己就完蛋了，因为公司规模小，没有办法跟有资本介入的对手竞争。这个创始人显然已经想到了如何用互联网的模式来颠覆现在的业务模式，只要互联网模式的业务快速发展起来，原来躺着挣钱的模式就结束了，对未来的焦虑就这样无形中产生了。

这位创始人 W 是传统行业出身，他希望投入公司每年利润的一部分做新业务模式的尝试。对该项目进行互联网模式尝试的第一步就是先对产品技术投入，基于这个项目的规模，投入的资金最起码是百万元的量级。他的业务模式还是按照现有的模式进行扩展，财务模型也是比较合理的。现在他就是这样开展业务的，客户也愿意买单。我问他："如果有另外一家竞争对手拿着一个亿的资金来跟你 PK，你如何应对？"另外这家竞争对手的做法肯定是将用户使用价格降到最低，低到你无法想象，客户使用一次服务，公司不仅仅亏本，有可能还要补贴一点钱。竞争对手资金充足，而自己的公司只能靠原来的利润来打消耗战，大量的资金消耗战对于小公司来讲，后果非常明显，根本撑不了几天，随时有可能倒闭，那些前期的软硬件的资金投入全部都得打水漂。"那我们公司也去找风险投资人融资，用投资人的资金一起来打消耗战。"风险投资人会投什么样的项目呢？创始人 W 现在的项目销售模式很清晰，投入的资金一年半即可回本，也就是3年能赚将近2倍的钱，已经算是非常不错的传统生意。他面临的最大问题就是如果互联网模式的竞争对手杀进来，那么这种传统模式必死无疑。对于追求有未来想象空间的投资人来说，不可能投资他现有的这种传统业务模式，因为投资人看中的是未来估值可能上涨十倍甚至几十、上百倍的项目。投资人手里的资金也是有限的，一般不会投传统的项目。

再来讨论一下，投资人会投的项目一般有什么特点呢？早期天使投资人第一考虑的因素是基于对创始人和团队的判断，项目本身的质地排在第二位。项目有可能失败，但只要创始人和团队坚持住，不散伙，信念还在，调整一下或者换一个方向，还是有可能东山再起，再次创业成功的。这种正面成功的例子还是很多的。创始人 W 当前就自己一个人，而且完全没有互联网行业的从业经历和互联网思维，能否想办法重新再组一个团队呢？一个好的互联网创业团队由三个最重要的角色人组成：产品、技术和运营，但这些优秀的人在哪里？这些人为什么要听你的呢？你是大股东，需要准备多少资金才能把第一阶段的产品或平台做起来？这三个人组成的核心团队股权分多少？是否拿工资？不过核心团队占小股份的话也不适合啊。那是否可以换过来，由这三个人组成的团队来主导公司？创始人 W 作为投资人当小股东，这个假设好像又偏离了创业的初衷。再说得狠一点，这三个人组成的核心团队，未必能看上你的钱，如果团队和模式都不错，投资人就直接投他们了，毕竟创始人 W 没有一点点那些投资人看重的行业经验和资源积累。

分析到这里，创始人 W 有些绝望了，发出著名的灵魂的拷问："我适合创业吗？"自己转型去干互联网模式是找死，不去转型等着竞争对手杀进来也是等死，怎么办？我们不能坐着等死。有解决办法吗？我们继续扩展分析思路，最终觉得还是有一些解决办法可以去尝试的。比如，找到行业内的头部公司或规模大一点的同行来并购，将现在的业务转到行业更大规模的公司的业务里面去，当然最好是上市公司。建议要找就找行业内的老二、老三，因为老大可能会觉得除了增加销售规模外，没有太大价值，行业内的第二名、第三名却未必，他们要想尽一切办法超越第一名。创始人 W 说："我们的业务已经做了三年，业务领域的坑都踏过，别人要抄袭也必须花一定的时间。直接将我们的业务装进去，行业大佬有资源有钱，完全可以快速将业务铺开，还可以解决原有产品库存的问题。如果这个公司有上市公司的背景，用最新的互联网模式，完全可以很轻松地找准时机快速切入，不用再走冤枉路，有可能出现双赢局面。”

当然，这也仅仅是一个比较理想化的运作思路，是否能成还得看与对方公司的沟通和谈判结果，但是经过这次深入讨论，这个思路会成为创始人W努力的新方向。

结合最近对查理芒格的学习，印象最深刻的一段话是：你一定要在自己的能力圈内深挖，一旦到你不熟悉的领域去跟别人竞争，那你就会输得一塌糊涂。找到自己的能力圈，在这个圈内持续深耕，成为这个领域的专家，利用复利思维将可成就不朽的业绩。

回到最初的出发点："我适合创业吗？"国家鼓励大众创业，"你真的适合去创业吗？"多问几次自己："我有什么？能做什么？怎么做？"记住，不是抓住风口就够了。某行业圈里的大佬当年曾经豪情万丈，站在巨大的风口上，唱着《野子》的"怎么大风越狠我心越荡"，但风总有停的时候，被风吹得越高摔得越惨，他的公司从市值最高时候的1700亿跌到60多亿，面临直接退市。考虑好自己的能力范围，尽力将自己的能力、服务和产品做到极致，创业成功的概率就会大很多。

创业的最终意义

最近工作的空档期比较长，4个认识很多年的好朋友相约小聚，几个老朋友都各自在自己的职业和人生道路上努力奋斗，各自都有自己的精彩和收获，当然也有各种不如意的经历。

Q君仍在阿里巴巴，9年的工作经历足以让他笑傲群雄，前段时间也得到了早就应该的职务晋升，而我们另外三个人则是分别在不同时段从阿里巴巴出来创业，创业过程中都经历过不少难忘的事情。大家一起热烈地交流，归纳下来：1. 做技术的人都存在相同的弱点，大家太专注于做事了，不懂人情世故，羞于争取自己应得的利益。2. 基于自己先入为主的理想主义让大家掉进不少坑，每个坑都可以讲出一堆的原因和故事，而掉进这些坑还是大家对社会、对人的认知不够导致的。在阿里巴巴集团内部的同学，则可以相对轻松地去做事情，不用考虑工作之外的事情。我曾经说过，离开阿里巴巴集团之后才真正认识到它是一家伟大的公司，因为阿里巴巴集团最核心的，也是最有价值的，是它的成长会跟员工一起分享，而且最后真的能兑现承诺。

议题之一：从阿里巴巴集团辞职出来后，有没有后悔过？

这个问题不少朋友经常会问我，今天我们也谈到这个事。每年从阿里巴巴集团离职的人数以千计，相信有很多类似的问题和故事。从内心深处讲，要说完全没有后悔肯定是不诚实的，特别是在阿里巴巴集团最近这些年的发展这么好的情况下。我常常也在想，如果留在阿里，或许现在的所有状况应该完全不一样，至少在经济收益上肯定比我多次创业还未成功的状况要好。随着阿里巴巴集团的发展，它已经从一个杭州公司蜕变成了全球化的互联网技术公司，而且公司层面对技术的重视是非常适合我们这些做技术的同学的。

但如果从另一个方面来分析，我离开阿里巴巴集团之后的这些经历，却是留在阿里内部的同学无法感受的，至少在自己的认知层面上已经完全不一样了，对人性的理解、判断和思考都有所不同。今天我们聚会的几个朋友，离开阿里的三个人，有两个人已经开始独立创业，一个回到了类似阿里的一个大公司任职，也是独当一面的高管职位。所以也不能说损失了什么东西，毕竟经历和阅历才是每个人拥有的无形财富。

议题之二：为什么不考虑回阿里巴巴呢？

前段时间在创业最迷茫的时候，父亲还曾经给我发信息说，实在找不到自己最好的方向，何不考虑再回阿里巴巴集团去呢？今天我们几个人也讨论到这个问题。Q 君说，如果想回来肯定有位置的，而且不会差，毕竟在阿里巴巴集团工作时表现还是非常优秀的，思想也有难以抹去的阿里文化基因，加上阿里巴巴集团发展迅速，急需成熟的技术人才。其中有个朋友说总感觉面子上过不去，说是出来创业又回去，好没面子的。我们说面子是什么，是给别人看的，自己的痛苦只有自己知道。真想回去，找个合适的机会回去就好，别人也没什么好说的，真要说什么也跟别人没关系，只要自己心里认可就行。

但反过来想，为什么要回阿里巴巴集团呢？是因为自己创业不成功，而阿里巴巴集团发展非常好，那我们只要待在里面就能获得足够的上市红利，跟着公司快速发展，自己的能力也可以快速成长，两全其美。阿里巴巴集团一线互联网公司的光环效应也是非常不错的。空格的创始团队因原来阿里系背景在很短时间内就融资上亿，星空琴行同样是原阿里系基因的创始团队快速融资扩张。但是现在尘归尘土归土，在市场上已经烟消云散。大部分从阿里走出来的，所谓的光环只是暂时的，随着岁月的流逝，慢慢就淡了。当然如果回去，只是想待在这样一个相对理想的环境，没有太大的野心，还可以考虑。阿里巴巴集团已经在美国纳斯达克上市，股价也到过历史的最高点（231.14美元/股），如果是为了股票回去，那还不如直接买股票好了，也没有锁定期。为了成长而回阿里，也完全没必要，在初创公司或者自己创业能学到的东西太多了。所以思来想去，已经找不到回阿里的动力。

议题之三：向死而生

这是德国哲学家马丁·海德格尔在他的存在论名著《存在与时间》中用理性的推理详细地讨论了死的概念，并最终对人如何面对无法避免的死亡给出的一个终极答案：生命意义上的倒计时法——向死而生。

今天我们聊天的时候也讨论到这个概念，说做了这么多年的技术工作，明白了人总是会老的，人最终总是会死的，现在这个阶段我们已经无法像刚大学毕业那会儿一样，可以不知疲倦地整晚整晚加班。现在加班多一些就感觉浑身不自在，身体疲乏得很，所以最后还是要有合理的取舍。成功到底是什么？赚钱的目的是什么？需要有一个清晰的思路，大家一致认为家庭和睦、拥有健康的身体才是最重要的。钱终究是身外之物，只要够用就可以了。当然，够用的标准是什么？至少现在大家都还觉得钱没有多到足够用的地步，我们跟那些成功人士相比还有很大的差距。

在讨论的过程中几个人都说这段时间里身体不太舒服，要么腰不太好，要么颈椎有问题，这都是做程序员的职业病。我还把上一个创业公司的理疗师介绍给大家。他们很多人虽然离职了，但仍然在这个行业里，坚持着做健康项目的理想，在这点上，还是让我非常欣慰的。

向死而生，要知道死亡就在我们生命的终点，现在所做的一切，都是走向死亡路上的经历。让自己开心，让家庭和睦，有空多陪老人和孩子，也许比光顾着拼命赚钱更有意义。

议题之四：奋斗的最终意义是什么？

大家现阶段都在努力工作，不管是在阿里巴巴集团内部的，还是已经出来自己创业的，或者去其他公司担任高管的朋友，不过虽然都在努力奋斗，没日没夜地工作，但是很少有人停下来想一下：到底为了什么努力？赚钱是必须的，也有人说至少在现阶段，我以赚钱为主要目的，但也不能做违背道德、法律的事情，做我能力范围内的事情，我用我的技术本领赚钱。但赚钱之后呢？钱永远是赚不完的，有人已经有几亿的身家，但还是没有办法停止工作，甚至可能比之前更累了，每天思考的事情更多了。那奋斗的最终意义是什么？

可能每个人都有自己的答案，我自己的新的创业公司，旨在为技术人员的成长提供帮助和咨询服务，我希望能帮到更多人、更多企业，这是我愿意为之奋斗的事情。

典型创业问题集锦

经常有正在创业的朋友和想创业的朋友提出以下问题，希望我能给些建议，我仅用我的经验和知识与大家探讨。我把典型的问题总结出来，和创业的朋友们分享。

一、对于初创团队，在资金不足、技术不足的情况下，应该怎样解决技术上的需求问题?

对于初创团队，资金不足，好的技术人员又请不起，那应该怎么办呢？首先分析你的创业项目是什么类型的。

1.技术驱动型。如果没有技术，就根本不要考虑做这个方向。

2.业务驱动型的、电商型的、知识型的等。

初期根本不需要在技术上有太多投入，在这个“大众创业，万众创新”的大时代下，很多平台都提供了创业所需的绝大部分功能，如微信群、小密圈、饭团，各种视频直播、音频直播平台，大部分都是免费的，核心问题是：你想做的产品方向是什么？如果产品方向确实很有潜力，并且必须有技术投入，那么多花一些时间，做好自己的商业计划书，认真地去找天使投资，争取拿一些初始资金，把技术团队搭建起来，是个不错的选择。也有不少创业者，一上来就要做平台，需要非常大的技术投入，而最后实际提供给用户的价值在哪里却未必知道。花时间去考虑清楚你的产品主要解决什么样的问题，用户的痛点是什么，技术只是一个承载你的产品和服务的载体而已。在这种情况下，没有很强的技术人员照样可以创业。

二、互联网创业中总是听到非常多的创业成功故事，这些故事似乎总是可以看到精英们是如何解决一个又一个无比困难的问题。但是，对于初创的团队或创始人而言，需要面对的是一堆实际问题，但毕竟精力有限。我很想知道，你在创业公司初创的时候，在资金不足或者在后续资金完全没有的情况下，怎样思考解决这个阶段的问题。

创业公司开始创业时，关键是得有人有团队（无论是两个，还是一群人）。在面对问题的时候沉着冷静、不忘初心，不要头脑发热，人云亦云。在你的团队优秀或者项目不错的情况下，一般是不会太缺资金的。如果真的急缺资金，要反过来想想，你的项目是否有前景？是否能被市场认可？你的团队是否足够优秀？作为创始人的自己，是否在认知层面还需要有所提升等，把问题分一下轻重缓急，一个个落实、解决。

三、对于微信公众号未来的发展和创业机会，你怎么看？或者说，对内容创业，包括付费内容的创业，你怎么看？

微信公众号也好，内容创业也好，核心的是要有好的产出，各种平台都只是一个载体，承载你的思想和服务，能够产生优质的内容，就有机会。聚焦你的目标客户，他们在哪里？他们的痛点、需求、想法是什么？你提供的产品和服务能否让他们尖叫？最关键的是他们是否愿意付费。这些才是创始人需要认真花时间去思考的。多实践、多思考。只要你提供的产品和服务有价值，并且质量都不错（至少比平均水平高），我相信坚持到底就会有越来越多的机会，祝愿你尽快找到你的1000个忠实粉丝。

四、不管是小密圈，还是千聊，都是以微信作为导流接口，这些应用与喜马拉雅或“得到”比较，你怎么看未来1～2年的发展？

尽快建立自己的IP最重要，不论是微信、微博，导流只是一个入口，通过各种平台在你的目标客户群中建立起自己的影响圈，建立以你为中心的社群，这才是最重要的。有人认可你的价值，自然就能取得好的效果。最重要的就是先干起来，在实际做的过程中逐步调整和完善，多反思、多问几遍为什么这样做，学会用黄金思维圈的法则去完善自己的模式。

五、面对创业产品中大量模仿、抄袭以及盗用产品的行为，初创团队该如何做好产品或资源保护？在你创业的时候，是否也面临同样的行业恶性竞争问题？如何解决的？

在互联网时代，避免不了模仿、抄袭、盗用（特别是在中国）。对于初创团队，你的产品和方向，或者平台，肯定要有一定比例的创新和原创在里面，当然也不妨借鉴一些较好的产品服务模式，在此之上进行微创新。如果是生产优质内容，需要有一个持续生产优质内容的能力。现在社会很难靠一次创新就永保江湖地位，靠的是持续产生优质的内容和服务来保持领先优势。所以，在被模仿、抄袭的方面，尽可能做一些门槛和保护，但不要在这个地方下太大的功夫，核心还是要在自身产品的打磨上，提供比别人更专业、更优秀的服务或内容。

几个例子可供参考反思：

1. 腾讯。作为国内最大的互联网公司之一，其产品和服务其实都做得非常不错，但分析它的成长过程，QQ、Mail、微信都是在模仿、抄袭的情况下诞生的。但它的产品没有停留在原地，而是一遍又一遍地打磨，后来居上，很快就反超对手，尤其是微信，规模和应用已经无人能敌。

2. 大疆无人机。在产品上一直领先，自己的创新和发展非常快，竞争对手想抄袭、模仿，却赶不上它的速度，后期在供应链和产品的价格优势上，已经做到全球行业第一。

3. 推荐几个当前比较知名的个人 IP：剽悍一只猫、秋叶大叔、米妈、Scalers，有兴趣可以看看他们的成长故事，非常值得学习和借鉴。

我在创办“壹康复”的时候，外界看来只是 OTO 上门推拿理疗，当时在全国有上百家服务商，在杭州能提供服务的有10多家。杭州本土的有3家：推推熊、推拿狮和壹康复。在很多场合我们都有同台 PK 的机会，大家也有过低价策略，但还没到恶性竞争的地步，因为杭州的市场容量足够大，我们在服务品质、理疗师培养等方面下了非常深的功夫，将自己的产品和服务打磨好，尽力满足客户的各种需求，为客户提供真正的服务。过了一年左右，推推熊和推拿狮就各自退出市场了，当然我们最后也活得更久一些。所以，我认为所谓的恶性竞争，创业公司完全没有必要去参与，烧钱买市场、用户的行为我们完全不看好，关键是自身的产品和服务质量过硬，能提供让客户满意的服务，才能解决客户真正的痛点，也才能让自己活下来。活得更长久才是王道。

六、在创业过程中你与团队成员之间是怎样建立合作关系的？在这个过程中，对于主动离开的核心创业成员，你是否认为他们不够敬业？

支付宝当年有一句广告语：因为信任，所以简单。创始人和团队成员之间也是类似的合作伙伴，心在一起叫团队，人在一起叫团伙，只有合作伙伴的心在一起，才能更好地合作。对于我们当时的情况，更多的是跟团队成员交心，探讨这个方向和服务，树立为用户提供健康服务的理念，传达核心创始团队的使命、愿景、价值观等。

核心成员离开，有各种各样的原因，最重要的还是对事情的看法与理解不同，以及当时情况下是否能接受现状。我并不认为这些是不够敬业的问题，能在一起打拼也是要看缘分的，每个人都有自身的需求和梦想，既要为梦想去打拼，也必须解决当时的实际生活需要。例如从滴滴出来的 M，个人能力非常强，但在核心团队的股权分配上跟公司的CEO有理念上的冲突，没能一起打拼，最后没有办法享受滴滴项目的成功，令人感到非常遗憾。

七、在建立自己的 IP 的时候，如何面对现在多个平台多个出口，是否有一种好的方法可以一点发布、多点传播呢？

所谓的多点传播，就是将一份内容，分发到各个不同的平台，有纯文字的、有语音的、有视频的等，不过至少你得先有这些内容，而且有专门做多平台分发的工具，例如多微信群直播的机器人（大多是要收费的），其实再简单点，雇人工帮你分发也不是多大的事情，关键是看你的产品或服务带来的收益是否能覆盖这个工作任务的成本。

八、CTO 和创始人之间，在初创阶段，你认为怎样的沟通、合作模式是相互促进的？怎样的沟通、合作模式是会产生分裂的？产生分歧后，你们会怎样解决问题？

CTO 和创始人 CEO 之间的沟通，是一个互联网科技创业公司最关键的地方，两者有天然不同的思维模式。CEO 经常在外部谈合作、谈机会，在讨论过程中得到的数据往往会带有一定水分，很多时候合作之前仅仅只会谈到事情的美好的一面。CTO 的逻辑和理性分析的能力很强，一般会问到相关的核心问题，如果 CEO 没有足够的耐心和对自己的客观审视，往往会造成理念差异所带来的信任与沟通的问题。

我自身的感受是 CTO 要理解 CEO 的思维模式，跟 CEO 沟通的时候需要讲清楚很多技术领域的东西，要让 CEO 知其然，也知其所以然。只有这样，在跟 CEO 合作的时候他才会完全信任你，虽然这个非常难。建立相互信任是一个长期的过程，需要做到“言而有信”，承诺的产品或平台交付，一定要按时、保质、定期交付。所以，产生分歧是非常正常的，要尝试多沟通多理解，不能一有分歧就觉得自己不舒服，放弃不干了。这种消极的处理方式显然不对，这样下去不可能合作得好。创始团队之间要用积极的心态坦诚面对，以换位思考去沟通，理解 CEO 的处境，毕竟 CEO 和 CTO 两个角色是公司最核心的关键人物，只有这两个人相互理解和真诚合作，公司才能正常发展，才有机会走出困境，走向成功。

第三章

钢铁侠（CTO）是怎样炼成的？

双爱双杀的创业公司CEO和CTO

在创业过程中的创始人，特别是无技术背景的创始人，对CTO的渴望就是典型的求贤若渴。有时候甚至非常盲目，逮着一个资深一点的技术人员就希望他是心目中最理想的CTO，但很多时候往往事与愿违。通过以下几个方面的分析，希望作为创始人（或者即将成为创始人）的你能理解CTO在创业过程中的角色是什么，知道怎么找到合适的CTO。

首席技术官（Chief Technology Officer，英文缩写：CTO，又常称为技术官、技术总监）是企业团体里的高阶主管之一，是企业内负责技术的最高负责人。

一、初创公司什么时候需要CTO?

如果大家还在A轮之前，资金比较少，那么由合适的产品经理或者研发经理带着现有的有经验的程序员开发就可以。在初创的创业公司里技术团队迅速地试错或快速地迭代发展更重要，在快速地试错过程中，可能会遇到一些产品或平台稳定性和容量上的问题，那么恭喜你，你的技术方向大部分是正确的。初创公司在发展过程中一定会遇到很多问题，遇到问题后快速把问题解决就好。公司的产品经理和程序员如果不能很好地应对问题（表现在不知道该问题的原因，给不出问题解决的时间点，给不出解决问题的方案），这时你就需要一个合格的CTO来拯救团队了。如果这时你的 CTO（或候选 CTO）给出了很好的解决方案或者一起引入的新的开发力量解决了上述问题，那么你可以开始考虑是否让这个 CTO 马上成为你的合伙人。当然这时还要考虑 CTO 本人的价值观，对项目方向和未来的认可，是否能承受初创公司的巨大压力，是否能把握未来的技术方向，这些都是考核和考量此人能否成为技术合伙人的重要因素。

另外一种是公司刚成立的时候，创始人也不知道技术为何物，有些创始人比较着急，随便找到一个自称什么都能搞定的技术人员，来作为自己的技术合伙人或者技术负责人，却经常被其一次次忽悠，最后无法搪塞，具体表现为自己需要的东西他迟迟无法按时、保质交付，总是会提一些让人无法理解的原因。但其实很多时候导致这些严重后果的原因，就是他作为技术负责人或者 CTO 不合格。当然这并不是一定说他人品差或者能力差，大多数其实是因为创业公司的 CTO 甚至比大公司 CTO 所需要的能力模型更复杂，他不适合在创业公司的CTO这个岗位上工作。

二、创业公司的CTO主要完成什么任务？

1. 技术团队组建。

团队建设的关键点是人员招聘，尤其是对快速发展阶段的团队和新成立的团队。如果一个 CTO 把招聘的任务甩给 HR，他一定是不合格和不称职的。团队人员组建首先要确认需要什么样的角色，然后按照这个方向去找到这些角色的候选人，经过数轮的面试最后形成一个比较合理的梯队结构。我在上一家创业公司当 CTO 的时候，人事总监和我配合得特别顺畅，因为其他部门给她提的招聘需求总是变来变去。因为老是变化让人力资源部无所适从，最后的结果就是 HR 随便交差，很难招到合适的人才。而我这边给出的技术招聘需求非常清晰明了，所以能在很短的时间内完成团队成员招聘和梯队建设，这样对HR的工作来说，效率也是最高的。

对创业期技术人才选择的优先级是：软性技能>技术能力+学习能力>技术领域内专项技能>学历。

对于排在最前面的软性技能，会先重点地去评估，主要包括自驱力和责任心、是否乐于解决问题而不是逃避、是否具有一定的适应能力（能根据不同发展阶段和业务场景考虑，而不是一味地照搬原有工作经验）、是否能契合团队的文化，也包括沟通能力等。当然不是说任何一个人对于这里的每一项都要很好，所以也是综合评估，而且最终评估结果中，对人品方面的考核占非常重要的比重。

一般认为一个相对靠谱的候选人，至少要在软性技能、技术能力和学习能力方面都有一定的亮点。如果在原来工作单位被验证过在某些方面有过不错的亮点，那么在未来日常的工作中出现亮点的概率也会很大。

2. 建立合理的流程和规范。

正常的商业公司大多数的流程应该为提高效率而设立，如果多数流程是为了规避风险，最终很有可能快不起来。如果所有流程仅仅是为了规避风险，那么这个机构在公司内部可以认定是官僚机构，而我们把这种行为叫做官僚作风。

正常的流程应该是要大家养成比较顺畅的做事方式和习惯，以及一种更好的高效沟通方式，脱离开这些基础的沟通都有可能是要流氓。尽量谨慎地引入流程，因为流程的引入需要跟团队核心成员做好沟通和讨论，避免硬性引入形式化的流程。正确合适的流程应该对在成长中、融入中及自驱力不够的团队人员有增强效果，而对于其他的团队成员，也不要成为其自由发挥的绊脚石。

举几个日常工作流程中可能会碰到的事情：开发工程师做在线压测没有知会运维工程师，突然间的流量可能会让运维工程师措手不及，甚至不得不采取一些紧急的预案来解决。系统出现异常问题后并没有在第一时间得到快速地跟进、解决以及事后的总结，类似的事情下次还有可能发生。类似这样的事情很多，初步看都觉得不应该发生，按道理大家都应该自觉做到，但是不能认为所有成员都能自发地做好、做到位。这类事情也很容易造成多方配合中出现故障，如果出现这方面的问题，管理者自身也有很大的责任。所以还是需要有一些常规性、指导性的流程或者工作原则，来引导他们更好地工作，并时刻提醒他们，重要的事情（或节点）要强调一百遍。

3. 关注中间地带。

在产品和技术中间，在业务系统和基础设施中间，在业务系统和运维中间等，都会存在一定的中间地带。如果没有人介入梳理和推进，那么这将是后续逐步发展过程中可能存在的故障点和瓶颈点。作为CTO，对各个部门、小组之间的中间地带，必须作为第一责任人去抓起来，不能让部门或小组之间的合作出现互相推诿的现象。

4. 适当地放权。

创业公司（尤其是互联网行业）的快速发展阶段会有很多事

情需要去梳理，公司内有很多产品需要去研发，所以如果没办法适当放权，一方面可能是管理者担心失控，另一方面可能是团队人才还储备不够，放不下去。不过放权不代表不管，主要是保证在有限的时间、条件下充分发挥大家的主观能动性和技能，也可以为那些肯努力进步的团队成员提供更好的成长空间。

5. 把握好公司的ROI（投资回报率），避免出现巨大的损失。

技术人员的人力成本往往在互联网公司总人力成本中占一半以上（并且人均工资都偏高），所以也是公司最大的资源使用方。如果因为技术团队内部的问题，产生巨大的系统重构，产品设计的不合理，或者因业务转型，产品下线，都会给公司带来巨大的经济损失和市场机会损失。所以，在项目的核心发展规划和路径上CTO需要充分参与，扮演好最后的守门员的角色。CTO 最核心的价值也体现于此。我在上一家创业公司时，同一个投资人投的两家公司，我们公司的 IT 成本是另外一家公司（业务模式类似）的10%，但不论业务量和用户数，我们都是他们公司10倍以上。

三、创业公司的CEO和CTO如何互动？

在创业过程中，无论公司发展是否正常，CEO 和 CTO 都是争执不断的。最好的解决方案是：大家一起找一个信任的第三方做深入交流，产生分歧的相关问题都在沟通的过程中顺利地得到解决。

但我认为，CTO如果要有所作为，应该更主动地去和CEO沟通。因为技术就是一个大门槛，对于 CEO 来说，被技术这个大门槛拦住了，很多技术问题不懂，或者有时候懂一点但未必能理解。而 CTO 完全不一样，能跨过门槛看到很多 CEO 看不到的东西，加上CEO带来的很多市场、业务的信息，CTO 理应理解得更充分，更理性。所以，CTO也需要提升自己在沟通理解上的能力，并不是要说服 CEO，而是通过所了解的信息和逻辑推理，以理性的方式通过摆事实、讲道理的方式跟 CEO 深入沟通，取得理解上的一致，从而共同带领公司往正确的方向前进。

创业公司需要的CTO到底是怎样的?

创业公司刚开始创立时，不一定需要 CTO，这里的意思并不是说 CTO 不重要，而是在不同的阶段对 CTO 的定义不同。CTO 是企业组织结构里的高阶主管之一，也是企业内部负责技术的最高负责人。作为企业内部最高的技术负责人，他的职责就是要对公司的技术线发展方向、战略和产品相关的决策负责，公司对 CTO 最核心的要求是按时、保质交付相关的技术产品，当然也包括整体技术团队的组建，以及未来的团队管理和考核等工作，最终的目的还是为了能符合公司业务发展需要，跟上节奏，不因为技术产品的问题而拖累公司的快速发展。

不论这个技术负责人担任的最高职位是什么，只要你在公司里是技术线最高位置的人，你的职责就是跟 CTO 相匹配的，虽然 CEO 只给你技术主管的职位。因为 CEO 及其他创业合伙人有可能是不懂技术的，而你是这个创业公司里最懂技术的（虽然跟大公司的 CTO 还有非常大的差距），这个时候也只有你能承担起公司 CTO 的所有职责。管技术线或技术部跟管理公司一样，有大有小。马云先生掌管庞大的阿里巴巴集团，他是这个集团的最高领导者，而创业公司可能只有两三个人，但是该 CEO 和马云先生所承担的责任是一模一样的，只是碰到的具体事情、规模大小不一样而已。麻雀虽小，五脏俱全，作为 CEO 该做的事情一件都少不了。对于初创公司的 CTO 来说，公司仅次于 CEO 的关键管理岗位需要考虑和承担的工作很多，但能支持你，帮你分担责任和工作的技术伙伴少之又少。所以，市场上（猎头）对创业型公司的 CTO 一直是供不应求，因为不仅仅对这个岗位的要求高，还要身体好，这个职位要做的事情，其复杂程度和要承担的巨大压力，不是一般普通程序员能承受的。

在公司发展的不同阶段，需要 CTO 的能力级别是不一样的，比如王坚院士曾经是阿里巴巴集团的 CTO，应该算是优秀合格的 CTO，把王坚院士放到你的创业公司，我估计也未必合适，甚至不一定能胜任。这就需要 CEO 在创业初期选择的技术合伙人，能跟随公司的业务发展而快速成长。相信 CEO 们都能感觉到，随着公司业务的快速发展，CEO 自身是需要快速成长的（尤其是互联网创业公司），否则公司的发展天花板就会随着 CEO 的能力瓶颈而出现。既然 CEO 们都要被逼着快速成长，作为领导和支撑创业公司的核心技术（产品）快速迭代的 CTO 更应该跑在最前面啦。

曾经跟一个创业公司的 CEO 聊天，她说她现在非常郁闷，技术经理只管做交代给他的事情，从来不为她分担业务上的问题。刚开始的时候还觉得不错，因为 CEO 自己不懂技术，有什么需求技术经理都能帮她实现，而随着业务的快速发展，技术团队已经有十多个人了，但是技术经理的管理能力感觉完全没有变化，还是以自己部门为范围只做自己部门的事情，不知道如何管理和激励整个技术团队，也不会做 KPI（关键绩效指标考核法）绩效管理。CEO 跟技术经理交流的时候，技术经理反馈给她的原因是不敢去管理，怕管得多了下面的工程师就跑了，压力大了团队接受不了，说技术人员都是很自觉的。这里反映出一个问题，大部分不懂技术的 CEO 不懂如何管理技术团队。这位 CEO 还咨询道：“能不能再多招一个技术经理？这样两个技术管理人员还可以互相做个备份。”这想法当即被我坚决制止了。我问：“假设这两个人有冲突了怎么办？你如何判断谁对谁错？之后，这个技术经理肯定想证明自己，而建议你从头开始做，原来的技术经理也需要想办法把自己的位置坐稳，一来二去根本的问题得不到解决，反而引入一堆非常难解决的新问题。”

那类似这样的问题，最终如何来解决呢？

创业公司的技术合伙人，必须找到合适的、理想的人选，而且只能是一个。对这个唯一的 CTO 有什么要求呢？我提出以下几个方面，以供创业公司的CEO们参考。

1. 人品第一。这个 CTO 必须是人品过硬的，正直、善良是必须的，其实不管是做CTO还是做合伙人，对人品有问题的人我们是绝对不能与其合作和共事的，甚至都不应该去接触。我一直认为只有人品正直的人，才能在工作中做出出色的技术产品。

2. 要有格局。什么是有格局呢？“格”是对认知范围内事物认知的程度，“局”是指认知范围内所做事情及事情的结果，合起来称之为格局。不同的人，对事物的认知范围不一样。举个例子，技术合伙人跟 CEO 从零开始打拼，公司业务发展非常迅速，技术合伙人的能力跟不上了，CEO 找一个能力更强的人来带领技术团队，原来这个技术合伙人感觉自己的位置受到了威胁，不配合不支持，甚至起反作用，导致公司技术产品滞后、拖后腿，这就是没有格局的一个典型案例。

3. 要有学习成长的能力。任何一个创业公司的 CEO，都希望自己的项目和公司能快速发展，相应的组织和人力就必须跟上公司快速发展的节奏，不论是技术合伙人还是其他合伙人，都需要快速成长。虽然 CTO 的成长因为综合性的原因通常都会比其他岗位来得缓慢，但技术合伙人必须从内心认同和公司一起成长的必要性和重要性。有些技术合伙人就只想做技术，说写代码自己感觉很爽，很有成就感。那当然是啊，做自己最喜欢、最擅长的事情，都是最舒服、最轻松的，但公司发展很快，需要你去承担更多责任的时候，作为合伙人就必须挺身而出，尽快躬身入局。创业公司的 CEO 在公司快速发展的时候是最累的，需要这些创始合伙人给予全方位支持。如果你只想着做自己最舒服的事情，从内心意愿上来说，我觉得作为合伙人是自私的，也是非常不合格的。

一个创业公司的合格 CTO 所需要的其他能力，如技术领域独当一面的能力、沟通能力、项目管理能力、产品能力、商业思维等，都是以上面三个能力为基础的，其他能力可以后期通过学习、老师辅导等方式获得。而以上三个基础能力如果缺失，就不能成为一个合格的技术合伙人，在未来公司快速发展的过程中，将对公司的 CEO 造成极大困扰，需要 CEO 在不同的阶段再去寻找合适的新的技术合伙人，这将会是一个非常痛苦的过程。

非技术型创业CEO如何找到中意合格的CTO?

经常有创业公司的CEO咨询我：你谈了这么多关于CTO的概念，怎么帮我解决这个“如何找到中意合格的CTO”的实际问题呢？我听到最多的期望是“要么你来当我们公司的CTO吧”。但毕竟我只有一个人，最多只能同时满足一家公司对CTO的需求。我们还是从最初的理念和角度来分析，作为一个非技术型创业公司的CEO，如何找到自己中意合格的CTO。

先定义一下标题中的几个关键词：非技术型、创业CEO，指的是不太有技术背景的创业公司创始人，至少在当前创业过程中，合伙人团队中还没有一个比较好的有技术背景的管理层。中意的、合格的CTO，如何合格在前文中已经有详细的描述，这里就不重复。“中意”这个词需要强调一下，必须得是跟CEO相互看得上眼的人，否则两个人互相不对付，也无法长期合作。

创业公司的CTO这个角色在一家初创公司有且只能有一位，必须满足CEO和其他合伙人的期望，创业公司才能正常发展，否则就是劳民伤财、浪费时间、浪费机会、浪费投资，还浪费感情。CEO需要在刚开始找CTO的时候，就对其有清晰的认识，知道自己内心需要一个怎样的CTO。

一、画像

由于这个创业公司的CEO几乎没有任何的技术背景，完全按照自己的想象来对目标CTO画像是非常不靠谱的，可以找相对专业的朋友进行辅助分析，将目标CTO的一些关键因素先列出来（跟找女朋友其实是一样的），例如工作年限、技术领域、是否在大公司干过、带过多少人的团队等，将目标尽量锁定在一定范围内。男生们找女朋友也是这样的，年龄不能超过28岁、身高不能低于160cm、没结过婚、幼儿园老师或者护士等。针对目标CTO的要求一定会有一些必须满足的或者可以尽量满足的条件。

二、渠道

明确了对CTO的目标要求之后，就要去搜索这类可能的候选人在哪里，他们常去的地方是哪里，等等。还是跟男生找女朋友一样，如果你的条件里有幼儿园老师或者护士，那知道目标人选在学校和医院的概率就大得多，最起码你去这些地方能碰上未来女朋友的可能性比较大，如果整天都在动物园、酒吧混，估计就很难了。有如下几个比较靠谱的渠道可能发现你要的候选人。

1. 一些业界知名的技术大牛，会在自己的圈子里吸引很多技术牛人，这些圈子里有好的CTO的可能性非常高。

2. 相对高端一些的技术社区、技术峰会，能上台去分享的一些技术牛人，相对来说影响面会更广。一开始很难把你这个不太知名的初创企业放在眼里，但如果能融入他们的圈子，接触到一些潜在CTO的机会还是有可能的。

3. 如果有认识的技术圈的朋友，帮忙推荐的会相对靠谱一些。

4. 通过互联网招聘渠道挖掘出来，如拉勾、内推、Boss 直聘等（光靠CEO自己是找不到的，需要有懂技术的大牛配合）。

5. 各种技术、创业社群，去碰碰运气（据说滴滴集团的程维能找到 CTO 张博，就是在无意加入的一个创业 QQ 群中，几个月后通过HR介绍才找到的）。

三、沟通

当你通过各种方式接触到了一些潜在 CTO 候选人的时候，沟通就显得非常重要了。潜在 CTO 说明这个人已经在某些方面符合你的预期，要尽可能将你的个人魅力和项目前景沟通到位，全面了解这个候选人所处的工作环境和短期、中期、远期的期望。跟普通员工招聘完全不一样，这个岗位对创始人来说是非常重要的，不能操之过急。如果见过一次面就认定他是你的白马王子，肯定不符合情理，偏内向型的CTO一般比较慢热。

可以多创造一些机会进行全方位的沟通和相互了解，这是一个双方都需要的过程。跟谈恋爱是一样的道理，你总不能跟女方见一次面就提出当她的男朋友吧，会把对方吓坏的，多约人家吃吃饭、逛逛街、看看电影、爬爬山什么的，尽量创造接触、了解的机会。创业当然也不能总是喝茶聊天，可以把你的期望透露给候选人，但别逼得太紧，让人家也多了解你和企业。有可能的情况下甚至可以前期请他先做公司的顾问或者以兼职的方式双方磨合一段时间。

四、条件

技术人员大多数比较内向，一般情况下不太会主动争取自己的利益，也都认为社会上的人跟自己一样诚实守信。如果你跟候选人接触时间够长，双方也都有意全力合作，那利益相关的条件，还是由创始人 CEO 直接提出会更适合一些。可以通过侧面了解 CTO 候选人的一些期望，在可能的情况下，尽量满足这些期望的同时，还能给出一些超出期望的条件，相信 CTO 候选人会认可你的诚意。

最重要的，所有给出去的条件都需要综合考虑其个人利益和公司利益，尽量考虑到未来各种可能的情况。因为，CTO 这个职位属于公司的核心管理岗位，所以有理由相信 CEO 给到 CTO 候选人的条件不仅仅是薪资，还有可能会给出一定金额的股票、期权，甚至是其他方面的考量（例如给一辆代步车或者租套房），这就要求双方前期就清晰明了各种处理规则，并且在任何时候都公开透明地知道，和公司一起成长和离开公司会有什么样的结果。

最重要的，CEO 必须是一个靠谱、守信的人，这个规则同样适合对 CTO 的要求，甚至这个规则适用于所有职场上的人。在职场打拼就是做个人口碑的过程，有人口碑好，一辈子不愁没好工作做；有人口碑坏了，还得换个城市、换个身份继续打拼，都是每个人自己的选择。

找到一个理想的创业合伙人本身就不易，找一个中意合格的技术合伙人（CTO）就更难了。很多时候要看缘分，有缘自然会相遇，别着急，慢慢找，最后合适才最重要。

什么样的CTO才称为优秀（上）?

优秀的CTO需要具备哪些素质和能力?

维基百科上的定义为：首席技术官的英文全称为 Chief Technology Officer。两个关键核心词：Technology（技术）和 Officer（指挥官），是技术和管理的结合体，而且是“首席”。

系统梳理一下，做一个合格的 CTO 需要具备的素质和能力有哪些。

CTO 是当下互联网创业公司必不可少的管理岗位的高端人才，而且全互联网都缺 CTO，尤其缺优秀的 CTO。这里探讨的是合格的 CTO，所谓合格是指至少在这个岗位的时候能够完成公司基本的工作要求。CTO 的培养和成长需要非常长的时间，首先他的职业背景必须是从公司技术基层做起，没有5年以上的积累，是很难支撑起这个关键岗位的。

CTO 最核心的岗位职责是组建团队。作为公司内部的最高技术指挥官，不可能是光杆司令，招兵买马和组建团队是最基本的岗位职责。此外，还要能够带领团队完成符合公司业务期望的产品实现，所以，团队建设、文化建设、内部流程建设、提高团队协作能力、提高工作效率等都是CTO要完成的事情。

下面先从专业技术能力方面来总结CTO需要具备的能力。

1. CTO 至少要在某一个技术领域能独当一面，这是最基本的要求，无论是架构设计、性能优化、服务端开发等等，我认为在任何一个领域中至少要有5年以上的实际经验，才有可能具备成为合格CTO的基础。

2. 合格的CTO未必要亲自去写代码（在公司创业的最早期人少时CTO必须能够亲力亲为），但一定要懂得系统是如何通过代码实现出来的，懂得编程的原理，懂得程序员是如何去干活的，各种方法的优缺点必须心中有数。简单讲，就是你的认知必须能够判断团队成员方案的可行性。

3. 合格的CTO不一定要亲自去做研发流程中的每个点，但一定要知道每个节点的作用和成效，包括Code Review、单元测试、持续集成等，能够带领团队，并主动推动有助于研发质量的过程管理。

4. 架构设计也是合格CTO要关注的重点，未必亲自动手设计，但一定要了解并判断架构设计存在的优缺点，以及当前选择这个架构的理由，结合公司业务发展的规划，知道如何进行近期和远期架构规划。

除了上述这些必须具备的专业技能，我认为合格的CTO还必须具备以下非技术的软性能力：

1. 首先就是沟通能力。沟通能力表现在两个方面：第一是表达能力，能将自己的理解和观点准确地表达出来，在跟不同人沟通的时候能用不同的语言和表达方式讲出来；第二是理解能力，在跟业务方、产品经理、运营或者CEO交流的时候，要能准确捕获他们的想法和意愿，透过表象挖掘到本质，梳理出最真实的需求。

2. 要有产品意识和商业意识。技术再厉害，无法实现商业价值，便不具备实际意义。我在其他文章中分析商业本质的时候提到，任何公司的目标都是要有盈利的，技术是一道非技术人员无法逾越的门槛，而 CTO 是公司技术团队的最高指挥官，所以 CTO 必须同时具备产品和商业意识，将业务和技术有机结合起来，才能为公司的最终商业目标作出最有利的决策和建议。

3. CTO 中的 O，代表的是 Officer，是一个管理职能。CTO 是技术的领导者，必须具备管理能力，尤其管理技术团队的能力。要做到知人善用、扬长避短，激发团队的潜能。很多 CTO 都是由顶尖技术专家提升上来的，非常擅长完成自己技术领域内的任务，但承担 CTO 职责后，要注意从具体任务的执行者到宏观管理和规划者的转变，要带着技术团队来完成任务，让团队一起成功，让团队一起成长，才是CTO最大的价值。

4. CTO 必须具备解决问题的能力。不论个人能力有多强，都会遇到很多无法解决的其他领域的问题，这时候 CTO 就必须有解决问题的能力，能够借助各种资源和力量，把问题解决掉，毕竟创业公司快速发展过程中需要的是最终结果，虽然过程也很重要。

5. 作为公司最关键的几个管理岗位之一，CTO 必须能跟 CEO 良好地沟通和互动。CEO 经常需要对外展现公司，会很有激情地将公司远景和愿景讲解得非常有鼓舞和煽动性，但 CTO 必须理解 CEO 的核心思想，并且用适当的方法实现它。讲一个概念是非常容易的，用技术去把它实现并且做出产品来却没那么简单，CTO 必须建立跟 CEO 良好的沟通机制，让 CEO 也理解技术的难点，从而让技术及技术团队在公司有自由发挥的空间和机会，让技术的创新给公司带来更大的价值。

6. 作为公司的 CTO，还需要具备对外交流和输出的能力。当年丁香园的 CTO 冯大辉的能力和影响力，为丁香园在互联网圈带来了非常大的知名度和流量，从而让多年默默无闻的丁香园很快走到前台，并拿到了顺为基金、腾讯等知名投资公司的多轮巨额投资。

当然，除了以上各种硬性能力和软性能力，CTO 还得为技术团队着想。技术人员封闭和内向的特性是很特别的，CTO 需要在保证公司利益的基础上考虑、保护团队的利益，促进团队成员的成长，甚至当有团队成员要离职的时候，也要祝福他，甚至协助写推荐信等。

CTO是一个“稀有物种”，作为CEO能找到一个合格中意的CTO，那将是你在创业路上一件非常幸运的事，祝你早日找到自己合格中意的CTO。

什么样的CTO才称为优秀（下）？

前文中，我描述了心中合格CTO的一些能力要求，主要在专业技术能力和非技术的软性能力方面做了一些阐述，除了这些基本要求之外，更为重要的是做人的基本要求。下面再来仔细分析一遍。

一、人品

关于“人品”这个词本身，就有很多争议。到底什么是人品？怎样才算人品合格、优秀，或者不合格呢？在不同环境下同一个人也可能会做出不同的行为，在哪种情况下去评判才算合理呢？这些问题如果没有界定，就去评判一个人的人品，本身就是不客观公正的。

人品，意思是人的品性道德，是指个体依据一定的社会道德准则和规范行动时，对社会、对他人、对周围事物所表现出来的稳定的心理特征或倾向。我相信每个人都有自己的判断标准，就算对于某个人做了同一件事情，不同的人对他人品表现的评价可能也是不一样的。

人品，是一个人在可控局面中自然表现出来的各种倾向的总和。所谓可控局面，指的是安全可控，生存无忧，无论哪种选择都不会危及自己的根本利益和安全。

比如是否愿意和人分享自己的东西，是否承认公平原则，认为付出回报必成正相关，是否愿意遵守外界规则，是否无罪推定，是否双重标准，是否信守诺言，等等。这些倾向有些是公认为“好”的，比如乐意分享，爱憎分明，信守诺言，表里如一，表现出这些倾向的，就被认为是人品好。

为什么强调可控局面？这里涉及另外一件事：人品道德。这只在安全环境起作用，到了紧急关头，人会自动切换到生存模式，以经过千百万年来胜出的生物本能指挥行动了。我不同意只有紧急状态下的表现才是人之本性，持这种看法的人要么失望，要么上当，没有别的结果。电影《泰坦尼克号》里面杰克给露丝让出救生木板，那是刚有过肌肤之亲，又是爱到灵魂里，一时激情压过理智，倘若他们没有发生过故事，不知道他是否还会让出最后的生存机会。那么杰克的人品难道就因为三天相爱而发生了翻天覆地的改变吗？显然不可能。

这就是为什么人品只能观察，不可试探，更不可以极端情况下的反应作唯一判断。试探的前提条件：一是不信任对方，二是自视高人一等而持有审判权，三是管中窥豹难免因小失大。且不提试探结果如何，一旦生出试探心，也就断绝了双方平等交往的可能，更给了被试探者识破试探投机取巧的机会。

而观察人品，除了观行听言，还要信息全面。这里举个鲍叔牙识管仲的例子。虽然管仲与其合伙做生意时多占多拿，临打仗又脱逃，鲍叔牙却不认为其人品差，因为他知道这些表现背后的原因是为了奉养老母。倘若只看些许行为，难免判断错误。

综上，可控局面中自然流露的倾向总和是人品，片面的行为不是，危急局面的反应也不是，试探的结果更不是。

为什么我会把人品这个指标作为合格 CTO 的一个标准？或

许很多人说普通人的人品也是非常重要的，但我认为在 CTO 这个岗位尤其重要。

之前有一个案例，一个不懂技术的老板开始创业，因为是互联网类型的项目，没有技术是完全无法启动的。因为自己不懂，他就托人帮忙找技术负责人，辗转多次后找到一个所谓的技术牛人，在艰难磨合了三个月后还是发现不合适，但这个技术负责人不仅要求经济补偿，还将朋友的创业产品直接拿走，带着开发好的 Demo 去找了投资人，直接开了一家跟朋友一模一样业务的公司。像这种就属于人品不合格的典型案例（跟投资人接触较多，听说类似的情况还不少）。所以我把 CTO 的人品摆在了除能力之外最重要的位置。当然，不是 CTO 或者非技术的合作伙伴，也应该以人品作为最重要的考核指标之一。

那么对于需要寻找 CTO 的创始人 CEO 来说，如何判断 CTO 候选人的人品是好还是坏呢？建议一定要从接触开始就相对客观地去评价，而不要因为自己公司急需这个岗位，就在有些不合规或者不能接受的行为上做妥协。其实人的第一感觉非常重要，一旦你发现 CTO 候选人的行为不在你的理解范围内，一定要打起十二分的精神来观察和注意，很可能这个 CTO 候选人的人品会有某方面的问题，有这样的迹象就得提前做好准备，比如多备几个候选人。

二、态度

态度是个体对特定对象（人、观念、情感或者事件等）所持有的稳定的心理倾向。这种心理倾向蕴含着个体的主观评价及由此产生的行为倾向性。

态度跟人品是有关联的，人品好的CTO一般态度都会不错，遇到事情会用比较好的心态来沟通和包容，对 CEO 的宏观设想能想办法默默去实现，这些都是跟态度有关系的。

在创业过程中一定会经常需要调整，不管是技术还是市场，而技术人员是最讨厌变化和调整的，规划好的产品功能还在开发中，老板告知这块业务流程有问题，需要重新架构和设计。一次、两次相信大家都能心态平和地接受，但如果经常这样改变，确实需要技术人员有很大的耐心，这时对 CTO 的考验就非常大，能否带领整个技术团队心态平和地去适应这种常态的变化，并且在这种变化的条件下，还能尽可能按时交付，交付质量还不能太差，就需要非常好的态度。同时在跟业务方沟通的时候，在跟团队沟通的时候，表现出来的良好合作态度，也会让团队感受非常好。一个脾气暴躁的不愿意和别的部门配合的CTO，相信他对整个团队的氛围也会有不好的影响。

当然，这里说的好态度，也不是完全没有想法，一味去接受，而是 CTO 需要从专业技术的角度进行沟通评价，在工作中不掺杂个人情绪，能就事论事地去处理各种棘手的问题。CTO 要带领整个技术团队走向正确的方向和目标。

三、价值观

价值观是基于人的一定的思维感官之上而作出的认知、理解、判断或抉择，也就是人认定事物、辩定是非的一种思维或取向，从而体现出人、事、物一定的价值或作用。简单说，价值观就是在不同的环境下会采取何种行动的标准。价值观相同的一群人，在面对困难或者财富时，采取的应对措施是基本一致的。

阿里巴巴集团是一家对员工的价值观要求非常严格的公司，在对员工绩效考核的时候都是工作绩效占50%，价值观考核占50%。其中有几条非常知名的，如：客户第一，员工第二，股东第三；因为信任所以简单；平凡人做非凡事，等等。当年中国雅虎和阿里巴巴合并的时候，雅虎的高管被阿里巴巴集团的内部管理条例只有简单的几页纸吓得目瞪口呆，因为在雅虎内部，公司的管理条例全部打印出来的纸张估计能放几米高。但阿里巴巴的员工在处理事情时采取的策略却比雅虎来得简单、快捷、实用，而且是符合公司价值观的。

同样，对于CTO，一定是跟CEO价值观相同或相近的人，否则在公司遇到困难时是根本无法一起走到最后的。当然价值观可以是公司要求的，但也需要候选人在人品、态度上对价值观认可，只有价值观相同或相近的人在一起共事，才能做得开心、快乐，并且做出超出他个人的最好成绩。

希望在创业路上的你及你的团队找到理想的CTO，合格的CTO，人品、态度、价值观都符合你要求的CTO，这也将是你创业成功的重要因素之一。

技术是保障

互联网创业能否成功，时机、赛道、模式和团队都很重要，但是最后落到实处，技术才是重中之重。特别是在创业初期，没有技术投入，项目基本就无法前进半步。如果你足够幸运，创业初期就能顺利地把技术团队组建起来，你会发现前面几个月在公司里加班的基本上都是技术部的工程师们，而其他部门的员工基本没有太多任务。

下面我说说创业公司在技术方面有可能经历的几种大坑。

一、创业公司最大的坑，莫过于CTO人选不合格

对于非技术出身的 CEO，自身不懂技术，但互联网行业的创业公司又离不开技术，那么找一个技术合伙人是最好的选择。基本上所有 CEO 都有这个认识，而且一开始也会全身心地去找一个技术合伙人。

短期内如果找不到合适的技术合伙人，有些创业公司会折中选择外包或者兼职等其他途径，但是这样的运营方式，结果大部分都不理想，很多创业公司就因为技术瓶颈成了“先烈”或者“炮灰”。

第一个案例：某创业公司女性CEO，经人介绍找到一个技术合伙人，自称非常资深（工作10年以上）。因为 CEO 不懂技术，对这位技术合伙人的描述笃信不疑，而且介绍人也说这

人技术非常厉害，毕竟“众里寻他千百度”，能有这么一个准CTO级别的资深技术大牛愿意一起合作，项目终于可以有进展了。但合作总是要谈一些条件的，这位技术合伙人提出了几个要求：

1. 薪水不能太低，因为日常生活需要有保障，需要养家，而且家中也刚添小孩，还得装修房子等，所以基本薪水一定跟前面公司不能相差太多，而且作为技术合伙人还得有一定的股权。

2. 虽然公司办公室在滨江，但是他自己的房子在杭州城西，所以提出要在城西租个办公室。

3. 因为家里装修，所以每天要稍微早一点下班。

CEO 听完后虽然有点不舒服，但毕竟人家是技术大牛，而且自己暂时也没有其他人选，就硬着头皮答应了这些条件。结果正式加盟后，几乎每天下午三四点他就下班了，找不到人，CEO 发火，互相吵架，前后折腾了3个月终于无法继续合作，结果这位技术人才还把CEO创业项目中的很多机密文件带走了。所幸的是试用期没有过，答应给他的股权还没去工商变更，否则处理起来更麻烦。这个案例就是第一种CTO不合格：人品差。

第二个案例：某创业公司 CEO，在自己的业务领域中非常专业，合伙人也齐备了，并且拿到了天使投资，已经开始创业。这位CEO平时对技术不太了解，但也有几个做技术的朋友，这次创业看中了其中一个朋友，人品完全没问题，也认识很多年了，相互也比较了解，而且个人技术能力也相当不错，至少身边朋友不少人都这么评价他。谈好合作方式后 CEO 就非常放心地把产品需求交给他来做，他也承诺3个月做完，不过还需要招聘一些团队成员。但在招聘过程中，他总是觉得新招聘的人技术水平不够，跟不上自己的思路，结果就是从头到尾他自己一个人在做。可想而知，靠一个人单打独斗的时代已经过去很久远了，在3个月时间到了之后无法交付可用的产品，我帮CEO看过之后，给出的答案是再给他3个月也未必能交付。这个就是第二种CTO不合格：技术能力有，但不适合做CTO。

第三个案例：跟我当年壹康复同时期的一个创业公司，业务模式跟壹康复非常相似，CTO来自某知名互联网公司，技术能力和管理能力都还不错，来公司后大刀阔斧地把团队建立了起来，还亲自招了一个技术总监、一个架构师和两个技术经理。然后CTO说用户数据非常重要，为了确保数据安全，一定要自己建机房；说研发流程管理非常重要，需要使用好的流程管理工具来提高效率，采购了Atlassian的JIRA、Confluence和Bitbucket（业界最好的收费研发管理软件）；说创业就要招最好的人，一个优秀的工程师可以抵好多普通工程师。最终一年下来，技术团队成员12名，服务器机房、软件及办公设备等花了将近500万元，而同时期的壹康复除了人工成本外的网络IT成本仅3.5万元，而壹康复的收费用户数是他们的十倍之多。这就是第三种CTO不合格：有大公司病，但没有创业精神。

二、技术外包的坑

当创业公司CEO找不到合适的CTO的时候，一开始都会考虑采用技术外包。在这里我们并不否认技术外包存在的合理性。技术外包也有不同的种类，如果是外包公司有已经比较成熟的产品，可以直接使用是完全可以考虑的。毕竟是创业公司，只用花很小的一笔资金，最起码就可以让产品顺利上线。但如果是需要外包公司从头开发的这种方式，我是坚决不建议采用技术外包的，因为大多数时候都是费力不讨好，会耽误创业公司最宝贵的时间、机会和资金，严重地影响创业的进度和成功的概率。

三、技术实施方面的风险

如果足够幸运，找到了一个中意的合格的 CTO，也很快把自己的技术团队组建起来了，还是会在技术选型方面存在不少风险，列举几个例子。

1. 产品需要做哪些平台。现在这个时代核心选择就是做 H5 还是做 APP，虽然 APP 的用户体验会比 H5 的好一点，但对于初创公司验证产品原型和模式的时候，一开始完全没必要做 APP，因为从头至尾新做一个 APP 的开发成本高，时间太长了。

2. 使用开源组件还是自主开发。很多技术研发人员多数愿意选择自主开发，是因为在自主开发过程中能学到新的技术知识，自己的技能也能提高。但对于创业型公司来说却未必合适，重复开发带来的技术风险和高额研发成本支出，是非常不划算的。在创业型企业，我认为应该尽一切可能减少研发成本，能用现成技术产品的尽量用现成的。尽快推出可用的产品进行市场验证，占据市场先机，让公司活下来，才是最重要的。

3. 产品经理是互联网创业的过程中至关重要的一个角色，一开始可以由 CEO 来当产品经理，当然也可以由 CTO 兼任，但如果这个角色的能力不足，会导致产品最终开发出来跟最初设想的不一样，而且内部消耗资源的情况会非常严重，最终造成的结果是 CEO 对技术研发不满意，研发人员对 CEO、对公司也不满意。创业公司里技术研发团队是加班最多的，毕竟还在创业的初期，产品方向和业务需求是需要随时动态调整的，而每次调整都必须通过修改程序代码来实现，就会造成技术研发团队每天无休止地加班。如果这个时候产品需求还无法切中要害，经常性地调整，内部矛盾就很容易激化，最后有可能形成恶性循环。

4. 没有正确认识到创业公司的不同阶段对技术架构的要求是不同的。CTO 如果技术能力比较强，一开始就要搞高性能、高可用、分布式的架构，那么就会导致前期设计过度，花费更多的时间和资源进行了无谓的开发。其实创业型公司初期的产品要的是快速迭代，尽快将产品交付出来给客户使用，使用后根据客户反馈进行完善，而不是一开始就要一个非常完美的产品。

创业过程中有无数的风险坑等着创业小伙伴去跨越，如果能吸取前人的一些经验和教训，至少在遇到问题的时候能有意识地去辨别这可能是个风险；如果有一个有经验的技术合伙人（CTO）能带领技术团队规避风险，那是很幸运的。创业公司的创始人都是很孤独的，而且不可能面面俱到，在自己不懂的领域，如果能找到该领域内有经验的朋友，不妨多问问。千万切记，创业成功最重要的一点，就是“脸皮要厚”，多问几个“为什么”，毕竟最后公司的成功才是最重要的！

CTO如何跟强势的业务型CEO沟通?

强势的CEO跟普通CEO不一样，他对自己以往的经验和判断都非常自信，虽然自己不懂技术，做最终决定的时候却是非常自信的。CTO要想跟CEO愉快合作，就必须学会如何跟CEO进行沟通，以下几个方面是我给出的建议。

一、要想办法理解CEO真实的想法

以前曾经遇到过这样类型的CEO，他觉得技术研发的时间评估就是瞎说的，他经常跟技术研发工程师沟通的就是时间能不能压缩得更短一点，比如原定评估两周的工作量，他可以通过各种说法和诱惑，让研发人员最终答应一周甚至更短的时间解决。CEO跟其他业务部门负责人的说法就是：技术研发工程师就得压，因为他们经常是一周可以搞定的事情非得搞两周。但我所知道的诸如此类的事情，很有可能一周搞出来的只是个半成品，仅仅能达到给大家演示的效果，与真正商用还有很大的差距。但CEO能用这个Demo去跟客户交流和演示，确实也足够了。

这里最大的理念冲突就是技术研发人员并没有真正明白CEO想要的是什么。如果是以产品级别的标准来衡量，当然要在Demo基础上增加1倍甚至3~4倍的工作量。如果只是要求Demo，那么对质量和完整性的要求就会大大降低。多沟通，并

且利用黄金思维圈的方法多问几个"为什么"，毕竟CEO在外面跑得多，跟客户接触也多，见识也要多一些，通过和 CEO 真正深入地沟通和探讨问题的本质，得到他的真正想法和需求，再去安排处理，会比较好。

二、取得CEO的信任

和公司 CEO 建立相互信任是一个长期过程。一个非常好的方法就是把技术讲清楚，在技术层面由于 CEO 不一定了解，CTO 要多尝试使用非技术人员能理解的语言方式去沟通，讲清楚技术研发的原理，采用各种技术方案的理由，相信 CTO 的逻辑性能把这些方面讲得比较透彻。但这里再强调一次，就是要用非技术人员能理解的方式来沟通，不能一味地使用专业技术语言。

另一个就是言而有信。向 CEO 承诺的技术产品交付时间一定要按时、保质交付，只有这样才能赢得 CEO 的信任。当然要做到按时交付本身是非常困难的事。所以作为公司的 CTO 一定要谨言慎行，不能随便拍脑袋给出承诺，要正确评估技术团队的能力和业务需求的难易程度，给出尽量靠谱的时间节点，采用任务拆分的方法，尽可能将项目拆分到以周甚至以天为单位，这样若有任何可能导致延期的情况，CTO 可以提前做出预警，并及时和 CEO 分享技术研发的进展信息，以便将发生的问题跟 CEO 提前沟通，从而达到对预期的理解一致。相信只要有过多次这样的交流，CEO 与 CTO 之间的相互信任是会逐渐建立起来的。有了相互信任的基础，其他沟通都相对会很容易了。

三、从技术的角度对业务进行深度思考

CTO 所具备的专业技术领域的知识，是非技术型 CEO 无法逾越的障碍，也是一道最难的门槛。CEO 无法看到门槛后面的天地，那么在考虑业务模型和方案的时候，只能站在门槛里面考虑问题，而 CTO 则可以轻易跨过那道门槛。所以，针对同一个问题，CTO 的解决方案肯定是多种多样的，甚至有些解决方案是 CEO 无法想象的。因此 CTO 不能仅仅去实现 CEO 的想法，而要对业务进行深度思考，将 CEO 无法考虑的那些方方面面进行整合，利用跨学科的知识技能将业务解析透彻。相信只要有过多次这样的考虑和建议，CTO 跟 CEO 之间的相互交流一定会更顺利。

四、要转变思维，以业务导向进行自我驱动

CTO 都是技术出身，技术人员的通病就是过分相信技术的力量，而忽视商业的本质。大部分创业公司的愿景是利润最大化，作为 CTO 要在技术和商业两者之间进行平衡，从而做出最优技术选择。如果一味强调技术的重要性而要求加大投入，跟 CEO 就很难站在同一出发点去讨论问题。当然，CTO 都会维护技术团队的利益，因此在争取技术团队利益的时候，也需要从公司业务层面进行考虑。我见过很多 CTO 跟老板要项目奖励的时候是以项目发布为由，而不是以项目上市产生多少业务效果为理由。如果能以产品上线后产生的销售数字去跟CEO要奖励，那么得到CEO认可的机会要大得多。

通过以上几种方法，CTO 如果能跟 CEO 站在同一出发点，

并且能很好地配合 CEO 完成业务导向的技术研发任务，相信两者的合作会更加顺畅。另外由于创业公司的 CEO 背负的压力是公司其他人无法理解的，CTO 作为创业公司里另一个非常重要的管理层，一定要想办法替 CEO 分担，一起在艰难的创业过程中共同前行，那么收获的将不仅仅是创业成功的喜悦。

CTO如何快速加入“战斗”？

创业其实就像带队打仗，大多数情况是在市场或者技术领先的高手如林的领域里带队全力以赴，获得一片属于自己的天空。在初创公司中，技术负责人（CTO）需要承担的职责比较多，大多数时候人手不够，跟技术研发相关的工作多且繁杂，不管这个创业公司是否给你CTO的头衔，只要你是公司负责技术的一把手，最终有关技术决策的所有事情基本上都是你说了算，那么你的职责就是CTO的职责。创业公司麻雀虽小，五脏俱全，该做的技术研发的相关工作一件也少不了。

很多初创公司中，承担CTO职责的人，可能都是第一次坐在这个岗位上，也没有人告知这个CTO岗位要做什么，只是碰到了技术方面的工作要去负责，毕竟在这个创业公司中你是最懂技术的（虽然有很多领域也不一定都懂）。下面我们来探讨一下初为CTO的角色，该如何快速地开展工作，并且快速熟悉自己的队伍，快速进入自己的角色，迅速进入“战斗”状态。

一、心态的转变

从技术研发人员或者团队负责人变成CTO之后，心态上一定要有正确的转变。之前也许仅仅是作为公司技术研发团队的一员，不论是带团队还是一线软件工程师，工作任务都相对清晰，技术研发任务也比较明确，只要按时完成自己负责的开发任务、保证软件代码质量基本就够了，对于这个产品是否赚钱、产品方向是否正确并不是自己要承担的责任。

承担 CTO 这个岗位职责之后，你将是公司里技术方面的最高负责人，可以左右公司产品的走向和商业目标，从之前只是听从业务部门的需求变成要跟 CEO、业务方直接沟通，甚至可以引领他们在技术研发上的方向。从被动变为主动，不仅要及时跟 CEO、产品经理、业务方进行沟通，由于他们不懂技术层面的东西，还要考虑如何让他们理解你要做的事情，让他们理解技术研发中必须完成的关键步骤和全部流程。技术研发过程中有些事情急不得，有些必须串联开发，要尽量利用他们熟悉的领域进行类比，将复杂的技术用通俗易懂的语言给管理层和合作伙伴讲解清楚，这个能力也是对一个合格CTO的基本要求。

二、团队组建和流程建设

根据公司的战略（近期和远期）业务规划（通常这个规划需要 CTO 主动跟 CEO 沟通），对技术团队成员进行任务规划、合理分配，以及资源配置。CTO 不能光顾自己一个人干活，现今技术研发体系多而且繁杂，单独一个人是怎么加班都干不过来的，何况一个公司的所有技术研发工作绝不仅仅是开发写代码这么简单。

技术研发的规划要尽可能考虑得全面一些，例如前端开发虽然有一个可能就够了，但作为公司行为还是要考虑岗位安全，做好备份的方案，服务端、UI、产品经理（可能不在 CTO 管理范围，特别是当前技术负责人能力还不足的情况下），这些技术岗位需要前期就到位。测试、运维可能在前期产品打磨的时候还不太着急，但要根据研发计划确定其他岗位的人什么时候到位。有明确的规划后跟 HR 沟通好，有好的候选人提前做好准备，多面试几个人就不会在急需人的时候太着急。

技术团队成员招聘本身就是一个难度比较大的事情，候选人的各方面条件要提前筛选好，初创公司对人的要求：人品 > 学习能力 > 当前能力。所以在面试的时候重点把关，招进来不合适的技术人员对公司来讲不仅仅是浪费钱这么简单，也许还会严重影响开发进度。

技术团队部分成员到岗后（人不完整的时候工作还是要继续干的，这个时候的 CTO 就得什么都自己干），一定要尽早把内部产品开发流程确定好，这部分工作初为 CTO 的技术人员未必能搞得很清楚，习惯用自己的思路来干。一定要知道一个人工作和一个团队工作是完全不一样的。有些大公司出来的技术人员初为 CTO 的时候，容易犯的毛病是以大公司思路搭建小团队的流程，会导致流程过于烦琐从而影响开发效率。要找到适合创业公司特有的初创时期的内部流程规范，让流程尽量满足业务快速发展的需要，而不是生搬硬套大公司成熟开发的模式，为了流程而流程。

技术团队的文化建设，也是 CTO 要考虑的事情。虽然 HR 需要做主要的工作，但 CTO 要有这样的意识，能让技术团队在创业过程中快乐地工作，快乐地工作能提高项目质量。

三、面面俱到的技术服务工作

由于是初创型公司，很多内部管理规范都非常简单甚至没有，那么作为 CTO，除了解决开发上的问题，还要替 CEO 分担更多管理上的责任。例如，公司邮箱怎么使用、内部技术交流用什么（推荐钉钉）、文件文档如何管理、内部权限如何设置，以及域名、云服务、安全配置等非产品开发相关的事情，都需要 CTO 事无巨细地去考虑，因为 CEO 和其他部门一般不会去思考这些细节的事情（也没有能力和经验参考）。

可能小到公司的 IT、打印机都需要 CTO 考虑安排。产品上线后客户服务如何使用系统来提高工作效率，有 BD 或者销售人员，而选择怎样的CRM系统和外勤系统，都需要CTO去操心。可能 CEO 会提出一些业务数据的需求，希望能及时看到一些业务发展的情况，而 CTO 要考虑得更多，业务指标、数据统计、定时提供报表等，尽量做到超出 CEO 的期望。

只有将这些事情通盘考虑起来，把公司的事情当作自己的事情来处理，才有可能得到CEO和整个技术团队的认可。

总结起来就一句话：初为 CTO 后要转变心态，积极主动跟CEO、业务部门多交流，将公司所有与技术相关的事情都考虑起来，公司技术氛围的好坏全靠CTO的意识和心态。

限于篇幅，不一定能全部分析到，上述三个方面是我认为初为 CTO 的技术同学需要去实践的地方。相信有大部分是你之前工作中没接触到的，只要你去尝试做以前没做过或没有做到的事情，那么你个人自然而然就成长了。领悟的时间越短，你的成长就越快，相信能很快得到公司 CEO 的认可，作为 CTO 就基本合格了，后面的路会越走越宽。

工程师们的CTO成长之路

前面曾专门分析到人到中年的软件工程师会存在无形的危机感，以及这些工程师如何选择发展方向。根据行业数据初步估计，中国互联网行业从业的工程师有800万~1000万人，这些人未来的发展路径是怎样的呢？不少工程师都会觉得未来走管理路线看起来比走技术专业路线更容易，但恰恰相反，技术人员要成为好的管理者，其实难度更高。今天我们就来讨论一下在没有太多管理经验的情况下，普通技术人员如何快速成长。

我们先来界定一些概念，CTO 指的是首席技术官，也就是一家公司的技术领导者，大公司的 CTO 和小公司的 CTO 肯定不可同日而语。如阿里巴巴集团的 CTO 王坚院士，至少我觉得我们还是离他非常远的。我这里谈的 CTO 更多的是规模相对较小的公司里的技术负责人，不论公司是否给你 CTO 这个头衔，只要公司与技术相关的工作的最终决策是你说了算，那么你的职责就跟CTO无异，只是存在工作能力和经验够不够的问题。

何为合格的 CTO，这就需要你跟所在公司的实际情况结合起来。相信大家都很容易理解。阿里巴巴的 CTO 王坚院士，是得到公司合伙人认同及市场检验的合格 CTO，但初创企业的团队，总共技术人员就不到10个，对于这个合格 CTO 的条件和要求肯定是不一样的。很多创始人 CEO 说就差一个 CTO 了，但当真把如王坚院士这样具有优秀能力的人给到公司，公司也留不住。初创公司要求的合格 CTO，需要在技术层面能独当一面，能正确地理解 CEO 的商业意图，能快速地将想法变成技术产品落地，能组建一支符合公司快速发展需要的技术团队，能带领技术团队按时、保质完成公司的产品目标，这就是公司对合格 CTO 最基本的要求。

那何为普通技术人员呢？我定义为有 5 ~ 8 年的工作经验，在自己擅长的技术领域不存在明显的技术缺陷，能独当一面，例如做服务端开发，至少对系统设计、服务端架构设计、RESTful 的接口设计等都要驾轻就熟，一直是自己开发完成技术任务，或者带过几个人的小团队，甚至带过一个或几个完整项目的技术负责人。

这类普通技术人员，在面临有其他工作的选择机会的时候，强烈建议你一定要去尝试一下新的岗位，不论是让你带一个项目，还是让你去一家规模较小的公司当技术负责人。

那如何快速成长呢？所谓成长，就是你碰到过多少困难，解决过多少问题。如果你感觉今年一年的工作都没什么太大的难度，除了任务多经常加班赶工外，那么你今年可以说几乎没有什么成长，仅仅是将去年的经验复制粘贴了一遍而已。我们常常开玩笑说，人家 5 年的工作经验，你是 1 年的工作经验复制了 5 遍。所以一定要突破自己的舒适区，去尝试以前没有做过的事情，去尝试以前未曾解决的问题和困难。一旦你突破了这些问题和困难，你就成长了。我经常跟团队成员说，快速成长就是你要尽可能多地去解决疑难问题。碰到一次困难和问题，就是一次可以成长的机会，一定要抓住，自己从心态上要认识到每次解决难题都是提升经验值的好机会。一般人一年解决一两个问题，你一年解决几十个问题，你的成长速度跟人家比就是火箭发射的速度。做技术的人千万别怕困难，哪里有困难，哪里就有机会。

知道了如何成长，那如何快速成长为合格的CTO，其实答案已经非常明确了。只要再知道合格 CTO 需要具备哪些方面的能力和经验，再在这些方面去找问题、解决问题，提升经验即可。

以下几个方面是我认为作为合格CTO必须具备的能力。

1. 沟通理解能力。CTO 作为公司的技术最高领导者，需要经常跟公司的 CEO、产品经理沟通，快速准确地理解他们的真实意图，这样才能完成他们期望的产品功能。

2. 商业嗅觉能力。做技术的人通常认为技术非常牛，甚至经常夸大技术的作用，但所有公司都要以商业本质（盈利）作为前提，技术再牛，做出来的产品没有市场，没有办法销售，公司早晚都得关门。作为 CTO 必须具备敏锐的商业嗅觉能力，能将技术和商业结合起来，这样才能使开发的产品得到市场的认可。

3. 产品规划能力。一般来说，产品规划能力好像应该是产品总监的工作，但很多公司有 CTO，不一定有产品总监，所以对合格 CTO 而言，他也必须具备这方面的能力，辅助产品团队和CEO来完成产品规划的事情。

4. 团队管理和培养能力。作为唯一理解技术团队的管理者，技术团队的好坏完全取决于 CTO 的能力。我一直相信没有天才，所谓的技术天才也是在后天适合的环境中培养出来的。

大家都是普通人，正确认识到这一点可以比较容易地去评估自己和他人。每个人都不笨，只要有合适的方法和环境，都可以成长起来，变成某一技术领域的专家，而 CTO 正是这个关键的领路人。能否让团队成员在高质量完成技术研发任务的同时，都找到自己的发展方向并快速成长起来很重要。

5. 技术问题的解决能力。一般创业公司的技术团队不太可能像阿里巴巴集团那样，各个技术领域的专家都具备。在一般公司里，能有足够的技术人员来完成开发任务，就已经非常不错了，他们在其他很多领域几乎是空白的。这就需要 CTO 用尽一切办法和资源去解决这些超出团队能力的技术问题，例如安全、性能、可用性等。

6. 构建自身影响力的能力。不论是在公司内部还是外部，CTO 都需要建立自己的影响力。在技术圈或者非技术圈，具有一定的影响力，才能促使自身不断提升和精进。要获得这方面的能力，只有将自己打造成某方面的“网红”，从而将自己的技术团队的影响力也快速提升起来。通过这个方式也能够吸引到更多优秀的人才加入技术团队，为技术团队创造更好的成长环境和氛围。

除了以上六个方面，不同的人可能还会有不同的能力要求。以上是我给中年危机中的软件工程师们的一些关于成长的解决思路，仅供参考。俗话说师傅领进门，修行在个人，希望大家都能找到自己正确的发展方向，并尽快成长起来，走向合格的CTO之路。

第四章

如何开始经营一家公司

找到一起“吃鸡”的那群小伙伴

大吉大利，晚上吃鸡（简称“吃鸡”），该说法最早来源于电影《决胜21点》，随后因在游戏《绝地求生：大逃杀》中出现而火遍网络。当你在该游戏中获得第一名的时候，就会有一段台词出现：“大吉大利，晚上吃鸡！”所以，一起“吃鸡”的那群人，即泛指一起创业，一起战斗，并能和你一起坚持到最后，一起登顶的那群人。

在这个异常发达的互联网时代创业，靠一个人单打独斗是非常难成功的。创业初始，找到一个或几个能背靠背一起做事的合伙人是最重要的事情，有时候甚至比找资金还重要。因为人是最复杂的，也是最难驾驭的，尤其是一起打江山的创始合伙人。对于创业过程中的几个重要事情：找到合伙人、招募核心员工、吸引后续加入的职业经理人（各类专家大牛），及未来的团队如何迭代，我们在这一章进行详细分析。

一、找到合伙人（相互信任的人）

合伙人是创业公司除了创始人（老板）之外最重要的核心的那几个人，人数不会太多，三五位比较正常。当然也有特例，听到过人数最多的当属阿里巴巴十八罗汉，还有某上市公司总共有20位合伙人的传奇故事。创始合伙人一般都和创始人有非常深的历史渊源，主要有：

同学校友型（新东方俞敏洪、徐小平、王强）。

同事型（华为很多离职的核心技术高管创业上市公司，网易系也是）。

江湖入伙型（万通六君子之冯仑、王功权、王启富、易小迪、刘军、潘石屹；携程四君子之季琦、梁建章、沈南鹏、范敏）。

夫妻搭档型（SOHO 中国潘石屹、张欣；当当网李国庆、俞渝）。

兄弟型（华谊兄弟王中军、王中磊；盛大集团陈天桥、陈大年）。

创始人和创始合伙人是公司的灵魂人物，是理想和现实比较接近的体现，是世界观和价值观很接近的那一类人，如果有点共同的爱好就更加锦上添花了。

1. 相互信任的合伙人团队是创业公司成功最重要的基础。

真正的相互信任是什么？是可以背靠背一起“战斗”，而且可以把后背留给对方，就算是你拿枪打了我，我仍然相信那只是枪走火了。这种信任在公司发展顺利时没有什么特别体现，但是在遇到大困难的时候，就显得尤为重要了。创业无坦途，创业公司磕磕绊绊的发展过程中不知道要面对多少次大大小小的困难，只有这种绝对相互信任的合伙人团队才能一起面对困难，一起解决困难，一起渡过难关，一起走向成功。

2. 价值观和世界观相近，是创业公司成功的第二要素。

物以类聚，人以群分，大家只有价值观和世界观接近，内心才能相互认同，相互理解。一个把创业当成生意，一个只把创业当成赚钱的事情，这样的创业公司是走不了多远的，最后整个公司团队人心涣散、分道扬镳是必然的。举个例子：曾经有三个背景迥异的创始合伙人（分别担任董事长、CEO 和 CTO 角色）一起把公司千辛万苦从初创公司做到独角兽级别，公司成功完成了三轮融资（天使轮、A 轮、B 轮），在第三轮成功融资之后，该公司 CEO 开始飘飘然，并开始极端冒进，半年不到就把最新融进来的一亿资金，花掉了近 5000 万元（资金大多花在购买互联网流量上），但是业绩仅仅冲高了一个月不到，后来就增长乏力，再烧钱已经没有任何效果。投资人、董事长、CEO 几方开始出现非常大的分歧，尤其是董事长和 CEO 两个合伙人之间的矛盾异常激烈。董事长把这个公司当成了自己的情怀和理想，而 CEO 对这个公司的想法只是一个实现他自己赚钱的工具，最后投资人和董事长联合起来，CEO 和 CTO 两人中途退出，核心团队从此分道扬镳。公司虽然在董事长的奋力抢救下，力挽狂澜，但是核心团队的合伙人散了，公司发展步骤放缓，错过了一骑绝尘的机会。该公司和后面的竞争对手的差距一下子拉近了，而且随时可能被赶超，危机倍增。

3. 合伙人的业务或技术的互补性不是创业成功的必要因素，而合伙人之间工作角色的主动性替补才是重要的。

很多时候，大家认为合伙人在业务、技术、管理等专业层面各自的互补是最重要的，其实不尽然。因为在创业初期，整个公司的人数不是很多，本来就没有太多的专属角色分配，人员和成本也极其有限，大家都要分别承担多个角色，只要公司有缺口，就要有人随时补缺，无论曾经是技术、市场还是管理人员。

4. 创业不易，因为不是简单的冲刺，而是一次超长跑。

创业不仅仅需要创始人有优秀智力、超人的毅力，还要有强壮健康的身体。在枯燥孤独的创业背后，核心合伙人的休息时间很少，如果几个合伙人能有一点共同爱好（比如现在流行的跑步，高阶的叫马拉松，还有读书会、看电影、吃鸡游戏等），就可以相互鼓劲，相互复盘，相互欣赏。核心合伙人团队稳定，创业公司的成功率就会大大提高。

二、招募你的虎贲之师（核心员工，相信你的人）

合伙人团队找好后，创业的思路、脉络基本清晰，执行层面的核心员工队伍就可以召集了。创业就是用新技术、新理念来开拓市场，其实也是一种集体式“战斗”。这个时候创始人都梦想自己的公司有一支纪律严明、能打硬仗的“虎贲之师”，当然这群“虎贲之师”能否用好，也要靠管理层合理指挥。

“虎贲”一词源自《书经》中关于武王伐纣的描述：“武王有戎车三百辆，虎贲三百人。”“虎贲”一词，常用于形容战斗力强悍的部队。抗战时期，1943年前后，当时国民党74军代号为“辉煌”，下辖的51、57、58师代号分别为“前茅”“虎贲”“激昂”。其中57师代号最为响亮，却是3个师中装备最差、出身最低微、最不被看重的一个师，但就是这么一支“杂牌军”，却在湘北战场承担了最重要也是最关键的死守常德的任务，师长余程万率领8000人的虎贲之师在常德保卫战中一战成名。虎贲之师，代表着勇敢无畏、奋勇前进、纪律严明。虎贲之师不仅仅在军事战斗中战无不胜，在现代商战中的胜利也屡见不鲜。阿里巴巴集团的干嘉伟率领的“中供铁军”有类似的案例，后来在美团公司的地推百团大战中也是如此。

创业公司初创，规模小，业务模式和思路不是非常清晰，品牌和队伍也不完整，队伍召集过程也是分阶段完成。情怀、梦想和企业文化只是在创始人的脑海里若隐若现。创业公司应该尽所能地去寻找相匹配的员工，而且前10个员工决定了公司的最重要的基础。如果你一开始找的人都不匹配，靠老板和一两个合伙人带着公司跑出来是非常难的，毕竟在这个社会全才的人太少。这种状况下，能找到一批简单相信老板的粉丝员工是非常幸福的，有时候面试员工时，他一个“我凭什么相信你”的眼神，也许就会让你很迷茫。马云曾经说过“因为相信，所以看见；因为信任，所以简单”，虽然简简单单，但是这两句话的后面，隐藏着多少创业老板的心酸和无奈。但是梦想在前面召唤，创业无退路，只能亲率自己招募的虎贲之师，勇往直前，义无反顾。

初期的创业公司的整体团队建制不完整，业务也刚刚起步，所以公司能给员工开的薪水和福利待遇都属于市场普遍水平略高（特殊员工除外）。这个时候的市场模式、技术平台搭建有一个循序渐进的过程，所以对初期招聘的员工不能要求太高，只要他们能跟上公司快速发展的步伐，认同公司的发展方向和团队，就可以接纳。这批员工对自己的目标比较明确（不是超出自己能力范围太多的那种）。创业公司的早期，核心员工队伍需要尽量保持稳定，后面可以通过自身发展和企业文化来加强队伍凝聚力，慢慢打造成一支有战斗力的虎贲之师。

三、如何吸引和留住高阶的牛人？

在公司发展早期，高阶的牛人基本上是公司合伙人一级的角色。发展到一定阶段后，尤其是到了 A 轮阶段，会陆续需要一批高阶的牛人（以大型企业的职业经理人为主）加盟。如何找到这些人才？如何吸引这些在市场上已经有了一定地位的高阶牛人加盟？又如何让这批牛人留下来呢？

找到这些人的途径主要有几种：猎头推荐、现有圈子里找（甚至到竞争对手处挖）、亲朋好友推荐。这类高阶人才已经在原来公司干到了不错的职位，有比较好的薪水和福利待遇，圈子里口碑也不错，那为什么还选择来你这个创业公司？他们主要会考虑哪几方面的因素？

1. 职业生涯的重新规划

这批高阶人士在行业内有了比较被认可的级别和地位，在公司的职务已经做到中高层，但是天花板效应很明显，再突破很难。如何突破天花板，就是他们这个阶段需要实实在在考虑或准备考虑的问题。向比原公司规模小一点但有一定规模、发展前景不错的创业公司跳槽是其中一条路（这里仅讨论这个方向，其他方向暂时不讨论）。

2. 工作角色的重新选择

在原有公司按部就班工作很多年，工作岗位和工作内容已经非常娴熟，但已经没有学习的新鲜感，工作角色在原有单位互相变换的可能性不大，因为试错成本很高，尤其是管理角色。

3. 梦想和情怀

梦想和情怀是每个职场人心里都有的小火苗，他们也许缺乏的就是那一点点点燃火苗的火种。如果正好有一个可以实现梦想的创业公司找到你、邀请你，一起热火朝天干吧，我们是一类人，一类有梦想的人，也许你就会毫不犹豫地加入进来。

4.不仅仅谈钱

高阶人才，见过世面，见过大钱，但是创业公司的客观现实的薪水是他们一道很难跨越的心坎。只有给予与原来的薪金持平或稍微打点小折扣（毕竟马云先生找到一个每月只拿800元薪水的蔡崇信这样有魄力的人才的概率很小），并结合未来的资本溢价，才能给他们编织一个蓝色的成功（上市）梦想，那种成就感带来的愉悦，会在内心深处来回荡漾。

5.工作态度

高阶人才在大公司或大平台工作时间很长，良好的工作习惯已经养成，但是世界五百强按部就班的螺丝钉工作方式不一定适合创业型公司。创业型公司的业务和技术发展迅速，有可能每天的战场都是新的且异常复杂的。如何从按部就班的被动的工作态度向积极亢奋创业的工作状态转变，是每一个高阶人才必须经历的，尤其是创业公司里大无畏的“堵枪眼和填坑”态度。

6.尽可能帮助牛人快速适应公司并留下

最牛的人才，来到创业公司，也是四有新人（新同事，新岗位，新场景、新挑战）。创业公司的多种制度和场景的不完善，很快会让新加入的优秀人才有失落的感觉，“怎么这个没有那个没有”，老员工也会觉得“这个谁谁的能力没有像老板说的那么牛啊”。尽快让优秀人才发挥他的长处，引导他向新的角色转换，并向老团队成员清晰传递他对公司的战略意义。真正多花时间、花精力，让优秀人才进来，并最终留下来，才是公司真正的财富。

四、团队的迭代

创业公司一般在A轮融资成功之后，整体会上一个新台阶，团队成员也会进行一次非常完整的、脱胎换骨似的迭代。因为团队角色已经基本补齐，中间优秀人才（职业经理人）加盟，经过多次自然淘汰，不稳定因素基本上已经剔除。经过团队自然迭代后的这个阶段，要警惕规模化后的小帮派。如何消除这些隐患呢？让大家一起参与建设企业文化是一个不错的选择。创业公司从最初几个人，到几十个人，再到上百号人，每一次的团队迭代，都是一次磨合、阵痛，能活下来就是一次重生。创业公司的快速发展，需要匹配能快速反应的团队，所以团队的迭代，也许永远都在。

五、保持好自有的团队基因

创业是艰难的，也是幸福的。创业公司始于创始人的一个梦想，一个不错的创意，在创始人和一群怀着相同梦想的人手里，经过不懈的努力，变成现实。一个创业公司是有自己的基因的，这个基因的形成是由创始人和核心团队的属性决定的，维持好这个团队特有的基因，是整个团队的首要任务。只要这些基因和灵魂还在，任何时候，这个创业公司都有成功的机会。珍惜团队并肩战斗（创业）的机会和友谊，努力找到你的那群创业“吃鸡”队友吧。

慧眼识人

每个人都有一颗改变世界的心，但不是所有人有想法后就会去行动，大部分人都是思前虑后，总是觉得时机不成熟。没有团队、没有资金，甚至想着等时机更成熟了，有团队了、有资金了再来创业。《西游记》故事中，唐僧西天取经也是自己一个人出发的，在路上才碰到的孙悟空、白龙马、猪八戒、沙悟净等。创业也是如此，一旦你能全心开始，所需要的人、资金也会自然逐渐向你靠拢。

一旦你决定开始创业了，会发现和你想象中的完全不一样，因为要处理的事情太多了。那该从何处开始呢？下面与大家分享下我在这方面的经历和理解。

想当年张小龙个人凭一款Foxmail就可以独步天下，这种个人英雄主义的时代已经过去了。现今的互联网创业时代靠一个人打天下是行不通的，所以首要任务是需要找到跟你志同道合的初始团队。

初始团队的人从哪里来呢？同事、同学是最常见的合伙创业的伙伴，因为你们最熟悉，关系也比较好，知根知底，一起来创业是最理想的，能够同甘共苦。但真正能跟你出来创业的人也是微乎其微。

在有创意但还没拿到资金的情况下，找志同道合的朋友来创业，会稍微困难一些，毕竟现在的社会生活压力都比较大，都有房贷、车贷之类的生活成本，还要养家糊口，没资金的情况下很少有人愿意为了你的梦想来打拼。

如果是互联网相关的项目，那么技术负责人就是你首先要找的重要人物，而产品经理和运营经理也需要同步找到。只有这几个角色的候选人到位，产品才有可能开始启动（当然如果你自己是技术大牛、产品高手，只补充其他角色就可以）。到哪里去找这样的人呢？

滴滴的程维在发现最初的 CTO 不合适后，绞尽脑汁想尽一切办法去找技术合伙人，找朋友介绍、推荐，据说当时他找了支付宝的同事，拿到了在北京工作的所有技术人员的名单，然后一个一个去找他们谈，但没有一个人愿意出来合伙创业。他还去腾讯、百度门口的咖啡馆，约见各种技术人员，也都没有成功。而最终找到后来成为滴滴 CTO 的张博，是早期偶然加了一个微信群，里面的一个猎头朋友帮忙推荐的。程维曾经说过，等你努力到自己无能为力的时候，老天就会来帮你。

我上一家创业公司壹康复最开始的时候，创始人也是在已经拿到投资的情况下找到我的。刚开始的时候，只是让我帮忙看看技术方案的合理性问题，而且最初是想走技术外包，跟滴滴程维刚开始想的是一样的。我看了当时的外包方案之后，明确告知这种方式是不可行的，中间存在的问题非常大。她当时邀请我一起创业，但由于股权结构的问题我拒绝了。作为朋友我也帮忙推荐了很多技术专家过去，从技术能力上来说我推荐的都是可以承担这个岗位责任的，但聊过之后她都觉得不合适，说相信我的推荐，但对这些人没有感觉到他们工作之外的那种创业激情，眼睛里看不到那种能合伙创业的东西。在随后的一个月中，她陆陆续续见了几十个技术总监候选人，有时候一天甚至要见好几个（创始人也是阿里出来的人，人脉还是有的），我也陪她面试了不少候选人，最后没有一个合适。在兜兜转转一个多月后，最终我自己想来做这个健康领域的O2O项目，因此就算正式开始了壹康复的创业历程。从我明确加入开始，组织结构、人员规划就算开始了，差不多花了一个多月的时间搭建了完整的产品技术团队及运营相关的人员。

另外一家公司是我的好朋友创建的。他在有了明确想法之后先从阿里巴巴集团辞职出来，并且由于自身的优良背景先拿到了天使投资2000万元，然后开始筹划产品和组建团队。他的经验也值得借鉴。他自己本身就是技术出身，而且对产品也颇有经验，但毕竟创业不是一个人能搞定的，因此他的做法是将身边的同事、朋友约到一起，将自己的想法抛出来让大家参与讨论并完善产品方案，谈完之后也不急于邀请人加入，而是约定下周再沟通，并且希望大家能再邀请对这个产品项目有兴趣的其他朋友一起来讨论。这样第二次还能来沟通的，至少是对产品项目有兴趣的，也会有新的朋友进来讨论沟通。经过四次产品方向讨论，他就基本找齐了自己的初始团队，然后正式开始做了。

在确定关键合伙人后，还是会有一些刚开始显得不重要但也不能缺少的岗位（实际上是非常重要的），例如人事总监。壹康复在刚开始的时候有一个非常好的人事总监，但因为对创业理念及一些其他组织结构上的事情不满意，在公司工作不到一个月就离职了，对整体团队的影响还是挺大的。后来CEO面试了不少候选人，也没碰到合适的。春节过后上班第一天，经人介绍来的人事总监非常合适，而且在很短的时间就加入团队了，当年为公司的人才招募、组织文化建设做出了重要贡献。CEO对她的客观评价是，新年里上天送给她最好的礼物。

还有很多其他关键的团队成员，都需要创始人一个个去找。对于创始人 CEO 来说，找人、找钱、找方向是最重要的事情。雷军说，在创办小米公司的过程中，他有一半以上的时间都在找人，找关键的人。有了好的团队，去融资也会容易很多。而且我坚信没有做不好的项目，只有做不好项目的人。优秀的人才组成的团队，就算在最初的创业方向上没成功，也能在适时调整方向后找到另外一条成功的路。

作为创始人的你，一定要知道自己需要什么样的人，只有有了明确的目标，才好去找对应的人选。不能只是觉得喜欢就一起干了，还是互补才最合适。

对 CEO 来说，创业是一个多重磨炼成长的过程，而且经历种种痛苦都是为了让自己更快地成长。找到自己的初始团队对创始人来说是至关重要的，人不对，造成的恶劣影响足以毁灭一个创业项目。我前面曾经提到一种风险，就是技术合伙人不对。所以就要求创始人炼就一双火眼金睛，在茫茫人海中找到那几个中意的合作伙伴。

沟通的秘密

沟通能力一般会从两个方面来考量，表达和理解。表达能力即能将自己理解的内容清晰准确地表达出来，对于不同的沟通对象，同一个事情的表达方式是不一样的。理解能力则是对方在讲述事情的时候，能捕捉到他要表达的真正意思。

一、沟通能力的重要性

我们在面试技术人员的时候，除了对专业技术能力会有评估外，还有一个评估维度就是沟通能力如何。如果这个候选人的沟通能力被打了低分，则很难得到公司的职位，除非这是一个特别急需的专业技术岗位。

技术人员内部的沟通，总体来说还是相对简单的，毕竟大家的背景都差不多，日常接收的信息也是类似的，在沟通的时候所说的词语大家都明白是什么意思。但如果大家背景经历不一样，在一个团队共事，就有必要提前明确各个词语的意思。例如南方人说的红薯和北方人说的地瓜，其实是同一种食物，如果没有人给解释，这种交流就很有可能出现问题。这也是为什么我们在做项目、做系统设计的时候，都需要在文档最前面做好名词解释，也就是讲清楚在本次项目中所使用的词语代表的准确意思是什么。

二、沟通重要性在技术管理中的案例

作为技术管理者，除了团队内部交流外，更多地需要跟非技术人员交流，涉及产品、运营、用户等，那就需要更强一些的沟通能力。首先说表达方面，给非技术人员讲清楚整个研发流程，就不是一个简单的事情。在一家创业公司，CEO对研发团队的表现特别不满意，讲了几个例子，我至今记忆犹新。

第一个案例：

CEO说，在APP的首页，有个图标跟文字没对齐，希望团队尽快把这个事情解决了。在CEO心中，这种小改动非常简单（因为他说在Word文档中几秒钟就搞定了），但就为了改这个图标对齐的事情，技术研发工程师花了整整一周时间，还是没有在APP中改掉，而且还没人给CEO解释清楚到底怎么回事，那么这个CEO肯定会对研发团队的技术能力产生怀疑。

第二个案例：

CEO希望研发团队帮他做一个供应商数据库，就是将供应商资料都管理起来，这样方便进行数据的应用、运营。这个需求提了很久，技术研发团队的反馈也是这个数据库早就做好了，运营人员却不知道如何去使用，结果这件事就一直拖着，CEO也非常不满意。

以上两个例子中，技术研发工程师所做的东西并没错，也不存在技术能力上的问题，关键的问题就在于沟通没到位，互相无法理解对方的意图，然后一直互相误解。加上CEO的管理风格也比较强势，导致的结果就是CEO对技术研发团队非常不满意，而研发团队的人觉得很委屈（你让我做的事情我都做了，为啥你还总是不满意呢？）。

我们来分析一下这两个案例。在第一个案例中，核心的问题是CEO并不理解APP中修改一个很小的地方需要多大工作量。修改本身并不难，但是要将这个修改最终体现到用户的APP中，流程还是有些复杂的，而且修改每个环节都不能掉以轻心。

常规研发的流程有五大步骤：

1. 由研发人员在本机修改代码，完成自测后代码提交到版本控制系统（一般是GIT或者SVN）。

2. 通知测试人员进行相关测试，就算改动比较小，也还是需要进行完整的回归测试。

3. 将完成测试后的代码进行打包发布，一般会有两种情况（一是仅仅为APP的更新，二是服务端也需要更新）。

4. iOS的APP发布需要提交到苹果的App Store进行审核。

5. 待App Store审核通过后正式发布。

这5个步骤是必经之路，任何一个环节出错都需要重新过一遍，所以，最简单地改一个字符，也需要完整走完这些步骤，所需要的时间基本在3～5天。

在我讲的这个案例中，测试人员在进行回归测试的时候并没有走完所有流程，因为觉得这次只是改了一个APP显示问题，所以在支付环节没做验证。但有一句话叫“在可能出问题的地方就一定会出问题”。在第一个步骤中负责改这个需求的研发人员，在提交代码的时候不小心将其他正在开发中的一部分代码也提交到版本器了，该部分代码正是对支付的内容有所改动。在第一次整体流程走完后，发现新版的APP有支付的漏洞，那么在当时最好的选择就是回到这次发布之前的代码，以便将损失减少到最小。所以从 CEO 的角度来看，就是研发团队搞了一周多的时间，APP 并没有任何变化，而且他提出的那个图标没对齐的问题还是没有解决。

在第二个案例中，听完 CEO 的讲解后，我立刻明白了问题所在。CEO所讲的“数据库”跟研发团队理解的常规数据库是完全不一样的，研发人员将自己理解的数据库作为解决方案给到了 CEO（将供应商数据全部录入进了真正的数据库），所以 CEO 无法接受这样的方案。CEO 真正需要的是供应商 CRM 系统，除了数据存储，还有很多对应的功能，例如根据条件搜索出符合要求的供应商列表，对这些目标供应商做一些营销动作，收集供应商的行为数据进而进行更多的交互等，完全是一套基于供应商的 CRM 体系，比单纯的“数据库”要复杂得多。那么在这种错位理解的情况下，技术研发团队如何才能满足 CEO 的真正需求呢？

我了解这些情况后，跟 CEO 讲里面的技术因素，讲解清楚并沟通到位后，CEO 理解了这些情况背后的真实原因。在后续的沟通过程中，CEO 也参考了我的一些建议，对研发团队的误解减少了很多，逐渐形成了良性的沟通合作氛围。

三、结尾

技术人员在成长的过程中，会逐渐走向管理岗位或者需要承担一部分管理职能，沟通能力就是技巧之一。拥有强大的沟通能力，能帮助你在职业道路上顺风顺水。沟通能力不仅仅在职场中非常重要，生活中亦是如此，特别是家庭内部，绝大部分的家庭矛盾都是因为沟通的问题，我以为的和你以为的很多时候根本不是一回事。沟通到位、理解到位，很多问题都可以迎刃而解。

学会带队伍，更要会培养人

每个人都会随着工作经验和年龄的增加而成长，在工作中逐渐走向管理岗位，需要做一些带团队的工作。下面跟大家讨论初次带团队的管理者，在工作中如何快速适应岗位要求。

首先，要从心理上转变角色，不要有心理负担。你能从团队中脱颖而出，那么你的专业技能在团队中通常都是最优秀的，之前你自己可以很轻松地高质量地完成任务，现在则需要交给团队中其他人来做。所以你需要适应，原来你可以快速、高质量完成的任务，现在你的团队可能会需要更多的时间，质量也可能没有你完成得好，这是一个必经之路。只有经历过困难才能成长，你自己在成长道路上解决过那些问题，你也得给团队机会去经历，让他们有机会成长。

其次，要学会交代任务。不论你带的团队多大或者多小，最重要的一件事就是需要学会给团队成员分配任务。沟通时，信息在传递过程中会丢失，很多时候跟别人讲一个小时的课，能记住20%就已经算是非常好了。给团队成员讲解一遍，你是否就觉得他们能按你的思路去把事情做出来呢？这是初带团队的领导者常犯的毛病。我自己的亲身经历，仅仅只做一次任务的交代，是远远达不到预期的。

我一般会这样做：讲解完任务后，让员工整理思路后复述一遍我的任务要求，只要他能完全讲出我的任务关键点，基本上就不会有太大的理解误差。是不是到这里就可以了呢？还没有，我会继续问他，完成这个任务可能存在哪些难点和风险点，如果他能讲出几个难点及风险点，那说明他已经在思考具体的事情了。能考虑到难点和风险点，就能在执行过程中按要求完成得八九不离十。到这里我还会再问一下，就是在处理任务的时候，碰到哪些问题可以自己解决，哪些需要向我汇报。经过这么一聊，任务在执行过程中就基本不会出大差错，碰到意外情况也能让我及时了解。最后我会根据任务的不同再问一个问题，就是如果不考虑当前的前提条件，这个任务如果让你自由发挥，你会考虑怎么来完成它呢？通过这个问题可以了解他可能的创造性思维，很有可能得出这个任务的更优的解决方案。

再次，要让团队有共同目标。团队跟个人最大的区别就是互补性，每个人都有自己的优势和不足，通过团队协作可以发挥每个人的优势，避免短板带来的问题。但如何才能让团队共同协作呢？足球比赛就是一个非常好的例子，11个人的一个球队，共同目标就是把球踢进对方的球门，而不让对方的球进自己的球门。在初带团队的领导者身上，以前自己做任务不存在这个问题，因为只有一个人的思想，目标就是一个，全力以赴去达成就好了。但现在团队可能有几个人甚至几十个人，如何能让这些人的思想集中在一个目标点上呢？这就需要领导者多想想方法，比如可以是同一个梦想、诱人的绩效等。

最后，要学会以教练的身份参与团队活动。带团队之后，除了带领团队完成任务，还有一个更重要的事情，就是要从团队中带出随时可以替代你的新领导者，让团队成长起来，这样你自己也可以去承担更多更重要的事情。所以在带团队的过程中要以教练的身份参加团队活动，初期需要你对事情进行分析、分解，之后应该让团队的人逐渐来做这些事情。开始可以站在边上观察，一些不是致命的风险就让它去发生，只有团队经历这些挫折和痛苦，团队成员才能成长。观察期间一定要管住自己的嘴，多看少说，后期可以逐渐退出团队的讨论活动，这样你带的团队就真正成长起来了，同样你也可以去承担更多更重要的事情。

当你完成了初次领导者角色的转换，在后续走上管理的路也许就会越来越宽，恭喜你可能马上晋升一级。

管理的主要职责就是管人、管事、管优先级，只要能达成目标就算是一个合格的管理者。管理一个技术团队、一个商务团队甚至是一家公司，这都是基本要求，不同的管理者会有不同的管理方法，对不同的团队的管理方式也会不一样。下面我以个人经历和理解分享一下在技术研发团队的管理中，关键因素有哪些。

为什么说技术团队的管理跟其他管理不一样呢？做个简单的对比，对于商务团队来说，管理者不停地对他们灌输，并且以足够的物质回报来刺激，这个商务团队就动力十足。但技术人员要单纯得多，需要让技术人员对公司所做的事情产生认同感。很大一部分技术人员会考虑我在公司能否学到新技术、团队氛围是否轻松融洽、办公环境是否人性化等，甚至办公电脑是否为Mac都会成为技术人员做选择的一个因素。

一、团队建设——招聘和培养

技术管理在管人方面，就是团队建设，就是如何招聘和培养技术人员。技术人员的招聘跟普通商务人员不太一样，记得在壹康复的时候，HR说招聘市场、商务人员太容易了，基本上我们制定出了人员规划和业务需求之后，HR 小组就能在一周之内组建一个20人的合格市场销售队伍，因为把规则简单讲清楚，去干就行了，看结果说话。销售的结果非常好衡量，制定业绩目标和淘汰策略，有足够的新人加入，便可以按业绩进行替换，确保业绩目标的达成。

而技术人员就没那么容易。

首先，技术人员的薪资相对市场销售人员较高，而且基本是底薪制，无法像销售人员那样很低的底薪加提成。也就是说，技术人员的成本高，同样是三个月试用期，一个市场销售人员业绩不合格带来的损失就是他的底薪，而一个技术人员不合格，三个月试用期的人工成本就已经很高了。

其次，技术的岗位非常多，常规一个满员的技术团队就有几十个不同的岗位，对于初创团队基本上是一个萝卜一个坑。招聘的时候就要求非常仔细，如果招聘不合格的技术人员到只有一个人的岗位上，那么这个岗位的质量不合格，整体软件产品就会出问题。不合格人员产生的沉没成本非常高，重新招人在时间上的损失非常大。

因此招聘技术人员会更困难，很难在短期内组建完整的团队，需要明确岗位职责和对候选人的画像。我们可以看到很多招聘网站上对不同技术岗位的要求，写得非常细，但在面试的时候，不仅仅要看这些硬指标，还有很多软性的素质需要在交流过程中去把控或判断，包括要看清楚候选人的实际能力跟简历上写的是否一致等。我面试过很多技术高级岗位的候选人，很多都是简历很漂亮，但实际能力跟简历描写的相差甚远，如果是非技术人员面试把关，很多细节问不出来，一旦招进来损失就很大。

技术人员招进来之后，除了需要让他认同公司的目标和理念，更重要的是要给他成长的机会和空间。大部分技术人员选择一家公司，成长是最大的因素。我在创业的时候招聘过一个技术人员，他有4年的工作经验，在上一家公司是被当作一个技术人员来完成任务的，也没有人管他，老板只要结果，他自身能力其实很不错，做东西的速度特别快，但因为没有好的团队和领导者，自己也不知道该怎么走，只是觉得给的待遇还不错。我跟他聊完后知道他内心的想法，而且当时我发现了他的几个毛病，如果这些毛病不改正，就是他成长最大的障碍。而且，这几个毛病会对团队和产品带来较大风险。我当时跟他明确说了这几个问题，而且说我能帮他解决这些问题，他也被说服了同意加入，当然待遇上会比他之前的公司低不少（大概低了30%）。当时我把这个想法跟CEO沟通的时候，CEO是强烈反对的，说人的习惯是改不了的，我再努力也很难改变一个人。我说按市场价值来说，这个是非常合适的，而且我有80%以上的把握帮他改掉这些毛病，可以在半年之内让他成长为合格的高级工程师。经过我的游说，CEO同意让我试试，说就给三个月试用期，如果达不到要求就赶紧换人。结果如我所愿，这个人在几个月内“改邪归正”了，成长非常快，半年之后CEO

就同意给他加薪到原公司的标准，现在是一家估值过10亿的创业公司的技术主管。

二、达成公司的目标

不管何种团队，都必须有自己的目标去完成。技术团队也一样，对于互联网相关的企业，技术产品是核心。达不成公司要求的目标，那么对于管理者来说就是不合格，任何解释都是苍白的。技术跟商务不一样，逻辑性和产出都是很严谨的，1就是1，2就是2，来不得半点虚假。因此管理者要带领团队达成目标，是容不得半点伪装的，可能当时无法察觉，等到察觉能力不行或者进度落后的时候，就已经晚了。

作为技术管理者，首先需要做的是建立研发管理制度，明确目标和确定计划，根据业务和技术的综合来管理任务的优先级。制度规范在确立的时候不能太教条化，要考虑团队的实际情况和环境因素。

在研发管理上，很多CEO都希望能有量化的考核方式，毕竟管理团队总是要有评价的，怎么才算做得好呢？研发工作比较难量化管理，都是从结果来看好坏。如果研发过程没有管理好，结果基本上都是不好的。我见过CEO要求研发团队出绩效报告的，要求按照每个人写的代码行数作为重要考核指标的，只能说很无知。我也能理解他们这么做的原因，因为很无助。

在壹康复的时候，即便整个团队能做到思想统一，但还是要看谁的绩效好，谁在怠工。我们制定了一套积分制度，根据团队协作、个人质量、团队贡献等不同的维度进行打分，有加分项、扣分项等各种规则，为团队鼓励的行为加分，不鼓励的行为扣分，从而能得到较为公正的正态分布排名，这个排名将作为最终绩效考核的重要参考依据。

积分制度的规则举例如下：

1. 每次项目结束后召开项目总结会，会上所有参与的人员投票选出这次项目中做得最好的30%的人员，A类项目每位积分+2，B、C类项目每位积分+5。

2. 按要求组织召开需求评审、测试评审、设计评审之后，仍旧有需求变更、设计变更的，产品经理积分–1，项目积分–1。

3. 项目没能按时提测，每延迟一天，开发责任人积分–2，开发主管和产品经理积分–1，项目积分–1。

4. 冒烟测试每打回一次，开发责任人积分–5，开发主管和产品经理积分–2。

5. 每次项目结束后，测试组出具的测试报告中，开发责任人名下的重开累计次数超过2次将被扣除积分，从第3次到第10次，每增加1次积分–1；从第11次开始，每增加1次积分–2。

6. 每次项目提测并冒烟一次性通过，产品经理及全体参与开发的人员都将获得积分奖励，A类项目积分+2，B、C类项目积分+5。

我们总共设置了将近30条规则，而且针对这些规则做了积分统计系统，系统会自动根据研发过程管理软件中的数据进行加减分计算，自动算出每个成员的得分和排名。基于这种方式我们做到了量化的绩效考核，整个团队都会朝着我们鼓励的行为去行动，而不鼓励的行为就得想办法避免。

三、跟技术人员沟通

好的技术管理者肯定是技术体系培养出来的，比较容易理解和懂得技术人员的思维和想法，通常沟通没有太大的障碍。但日常管理中会碰到很多非技术人员跟技术团队的沟通，例如产品经理、业务方甚至是 CEO 都会直接跟技术团队沟通，提出业务需求等，这个时候最大的问题是非技术人员无法评估需求的难易程度，而普通技术人员的沟通能力不强，很难将技术的难易程度通俗易懂地跟他们讲清楚，这样矛盾就会产生甚至激化。作为技术管理者，就必须对这种情况做到心中有数。

例如，CEO 说收费用户和免费用户看到的内容应该是不一样的，要做好区分。如果仅把这个需求给到技术人员，那么做出来的东西是无法使用的。CEO 要想办法使用技术人员看得懂的语言，将收费用户看到的内容和跳转的步骤一一写下来，甚至使用原型页面的方式，清晰地表达清楚才可以。这些活在现在的互联网时代，是由产品经理来干的，所以产品经理其实是非常辛苦的一群人，夹在 CEO、业务方和技术团队之间，很多时候甚至会有生不如死的感觉。当然做得好的产品经理就非常有价值，而且非常“值钱”。

为什么你的股权（期权）是一张废纸？

当前国内的创业环境非常好，由于国家鼓励，大众创业、万众创新的活动在如火如荼地开展，稍有热情、有能力的人都想尝试创业。对于创始人来说，存在这样那样的问题。好的人才，薪水开太高，公司人工成本承受不了；薪水开太低，优秀的人才根本留不住，都想着自己去创业了。对于非创始人的优秀人才，去公司谈条件一般也会涉及股票期权的部分，很多人对这个并不太懂，很容易被迷惑。

直白讲，股票期权是一种有契约精神的约定，如果最终强势一方不给你兑现，你有再多的股票期权都无用。我在离开阿里巴巴集团后的第一次创业，由于不太懂这部分知识和缺少法律意识，导致本来属于自己的利益最终拱手相让了。

作为初创公司，通过股票期权的方式对优秀人才进行激励是最好的手段，如果用得不好最终导致分道扬镳的可能性非常大。下面根据自己的经验来分析、总结一下，作为公司创始人该如何考虑股权激励机制。

一、什么是股权？

股权是有限责任公司或者股份有限公司的股东对公司享有的人身和财产权益的一种综合性权利，即股权是股东基于其股东资格而享有的，从公司获得经济利益，并参与公司经营管理的权利。股权是股东在初创公司中的投资份额，即股权比例。股权比例的大小，直接影响股东对公司的话语权和控制权，也是股东分红比例的依据。

二、什么是期权?

期权指在约定时间内能以固定价格买受或出售确定数量的证券、商品或其他财产的权利。证券是一个广义上的概念，包括股票、债券、票据、可转换债券、认股权证或其他凭证。公司高管所得到的期权，一般都是股票期权（下称“期权”），也叫激励股票期权，是公司给予公司高管的权利。公司高管有权以低价购进股票，再以股市价格出售获利，但条件是公司在高管的领导下实现了既定的财务指标，如增加销售或提高利润。

三、协议约定还是工商注册

如果以股权方式进行员工激励，则需要在工商部门进行变更登记，一旦员工离职，也需要及时到工商部门做变更登记。在工商部门注册信息中频繁变更股东信息对公司是不利的，常规的做法是成立一家有限合伙企业，将需要激励的员工放到合伙企业中实现对母体公司的持股，来达到股权激励的效果。另外，一般创业公司初期为了达到激励的作用，并不一定要及时变更工商部门注册，而是员工跟大股东（一般是创始人）之间进行协议规定即可。具体的约定形式根据各自公司的情况来定，没有绝对正确的方式。就算在工商部门注册了又如何，如果大股东不履行，不想把利益给你，你是小股东也是无可奈何的，他可以想各种办法清退小股东。如果大股东是讲信用的，就算没在工商部门注册，只要有协议在先，也会把该有的利益给你。所以工商部门注册并不是唯一的方式，采用相互认可并能兑现的方式最重要。

我建议采用员工跟大股东签订协议的方式进行约定。大股东是需要为公司兜底的，也是公司的创始人、决定公司战略发展方向的人。公司的核心团队理应也是由大股东找过来的，如果没有一定的人格魅力，相信也无法聚集这样一帮优秀的人。如果不是核心股东的其他员工（一般核心股东不会超过3～5人），初期跟大股东个人签订协议是比较合适的方式，可以约定达到一定条件后再进行工商部门注册变更（如一年之后，达到一定销售业绩等）。

四、股权激励的进、退、转、让

为了达到激励的效果，很多企业股权和期权是混合使用的，例如给予员工的股权，是有条件给予的，几年的时间分阶段给予、达到一定的条件进行多少比例的给予等。不管是股权还是期权，都是为了让员工能跟公司共同发展，共享收益。

在初始的时候让优秀的人加入公司，一般会谈股票期权的，给多少、怎么给，都是创始人要考虑清楚的。给少了，不一定能吸引优秀的人才，给多了自己心里又不舒服，没过几天再调整下来，这就变成儿戏了，使得双方心里都不舒服，何必如此呢？

最关键的是价格，即公司当前值多少钱，需要双方都有一个合理的预期。自己说公司值一个亿，总共就几个人，产品都还没出来，凭什么值一个亿呢？有一个相对合理的估值是双方能达成一致的前提。一般可以考虑借鉴天使投资的估值，需要全职参与进来的人，在天使投资估值的基础上适当溢价给到优秀人才。例如天使融资了300万元，出让了20%的股权，也即公司估值1500万元，那么对于优秀人才的全职加入，可以考虑按公司估值500万元到1000万元进行沟通，这是相对容易接受的方式。在天使融资之后公司又有了不少的业务进展，那么价值肯定会发生变化，或等到A轮再沟通，就不能再按天使轮的价格进行沟通，要适当“涨价”了。对于优秀人才，加入一个业务方向看好的公司，越早加入越有利，也能帮助公司尽快成长，是双赢的局面。越晚加入得到的就会越少一些，毕竟业务越来越清晰，需要承担的风险越来越小。

另一个问题是给多少。谁都希望自己能多拿一点，但拿多少合理呢？这个也跟不同的岗位及公司的不同阶段有关系。你是公司当前阶段最迫切需要的人，就可以谈得更多一些；如果是重要但不紧急的岗位，可能就会稍微少一点。这些其实不重要，重要的是合理的是多少呢？这个因人而异，也没有一刀切的标准，我这里有个方案可供参考，可以考虑按照候选人的市场价值进行评估，例如某个候选人在市场上拿到的薪资是年薪100万元，而来创业肯定是无法给出这么高的薪水的，那势必要使用部分股权来代替，如果开了30万元的年薪，那么还有70万元即可以使用股票部分来代替。当然也可以以这个为标准，给予2～3倍的股票溢价，也可以按4年的总价入职时授予。例如，这个候选人市场年薪比你这里高70万元，那么一次性给予他280万对应的股票。一年后需要再引入这样一位优秀人才，市场年薪也是100万元，公司能给的薪水是30万元，同样按照

4年的方式给予280万元对应的股票，但因为一年后公司的估值上涨了一倍，所以给到的股票数量应该是一年前那位的一半。也就是说，加入越早得到的相同价值的股票数量会越多，随着公司业务的发展，股票带来的收益也会越多。

确定了给多少股，还需要有一个归属的问题。很少在一开始给股票的同时就去工商部门注册，这个对于公司来说风险太大，一般都会规定一个归属期限，有2年、3年、4年，甚至7年的。其中以4年的归属是最常见的，会约定2年是一个首次归属日，也就是入职2年的时候归属50%，随后每年归属25%，直到所有入职约定的股票都归属完。当然也有些公司愿意跟员工分享，尽量规定短一点的归属期限和短一些的首次归属时间，这些规则都是更利于员工的约定，更容易吸引到优秀的人才。也有些是按4年归属，每年归属的比例不一样，10%~20%~30%~40%这样的递进方式，对于员工来说就是不友好的方式，公司过多地考虑了公司风险，却未考虑员工的感受。各种规则都由公司自己制定，符合公司的预期，能达成激励目标就好，本身就没有统一的标准。最终能兑现股票期权的激励才是真正有意义的。我和很多阿里离职的朋友聊天，都说离开阿里才知道阿里确实是家伟大的公司，就是因为股票期权能按协议兑现，而出来之后见到太多的公司钻法律的空子要无赖，加上技术人员很多时候都只知道做实事，根本不懂得如何去维护自己的合法权益。

通常来说公司未上市之前，股票是无法兑现的，但因为各种原因，员工有可能会有对已归属的股票进行兑现的需求，如家里急需用钱，某些客观原因导致的离职等。那么作为公司创始人也需要考虑这些情形，也就是股票期权的退出机制，以及中间的转让等操作。

我认为，在授予股权的时候，如果没有退出机制和转让机制，那就是无意义的。只管授予，不管兑现，如果真的只能等到IPO后才能兑现，那90%的股票期权就是一纸空文了，大部分人都等不到IPO。

一个好的股票期权授予协议，需要明确规定退出机制和转让制度，以下是我觉得比较合理的一些条款，仅供参考。

1. 按照4年的归属期限，员工在公司工作满2年之后可以首次归属50%，随后每年归属25%，直到归属完成。

2. 如果因员工犯错而辞退的，股票期权已归属行权部分，按照行权价公司回购，未行权部分公司直接无偿收回。

3. 如果员工正常离职，股票期权已归属部分，公司按照上一轮融资估值的30%～50%（具体比例双方约定）进行回购，回购支付的款项并不是立即支付，而是在一定期限内（如下一轮融资到账时，或者一年期等）支付。

4. 如果员工确实需要用钱，可以在公司股东内部进行转让，转让价格双方约定即可，但不可超出一定的限额（上限和下限，由公司规定），一般来说，同等条件下大股东有优先购买权。

5. 如果需要转让给公司股东之外的个人或投资机构，需得到公司股东会的同意。

6. 如果员工在4年之后离职，已经付出心血共同创业得到的已归属的股权，理应可以拥有。但公司还在创业过程中，离职之后并不能为公司创造价值，也需要回购员工已归属的股权，此时价格不能按4年之内离职的方式计算，合理的算法是按公司当前的公允价值（或可以按上一轮估值的80%）进行回购。

五、总结

无论采用何种方式，一定要提前约定好，对可能发生的状况做好提前规定。股票期权是非常好的早期融资、找人的工具，用得好能发挥巨大的作用，用不好也会为企业留下巨大隐患。以上讲到的内容非常有用，真正要设计良好规范的股权激励协议，还需要专业的律师参与，以及有懂得这部分知识的专业人士参与，自己动手难免留下考虑不周的隐患。

创业公司的股权架构

创业公司账上基本上没有多少现金，公司“值钱”的只有创始团队和公司股权。所以创业公司初创时候谈股权分配，对于创始人、合伙人、核心员工等都是很重要的事情（这里只谈创始团队的股份分配）。股权结构的设计是一家企业的根本，就如同大树的根，有些树表面上茂盛繁密，如果树根烂掉了，那无论现在多么风光，最终都会枯萎，甚至死掉。

首先我们来了解一下关于公司控制权的九条股权生命线。

一、绝对控制线——67%

一些重大事项，如公司的股本变化，关于公司的增减资，修改公司章程，分立、合并，变更主营项目等重大决策，需要2/3以上票数支持。

二、相对控制线——51%

一些简单事项的决策、聘请独立董事，选举董事、董事长，聘请审议机构，聘请会计师事务所，聘请、解聘总经理。如果公司要上市，经过2～3次稀释后，还可以控制公司。

三、安全控制线——34%

股东持股量在1/3以上，而且没有其他股东的股份与其冲突，叫否决性控股，具有一票否决权。

四、要约收购线——30%

通过证券交易所的证券交易，收购人持有一个上市公司的股份达到该公司已发行股份的30%时，继续增持股份的，应当采取要约方式进行，发出全面要约或者部分要约。要约收购线适用于特定条件下的上市公司股权收购，不适用于有限责任公司和未上市的股份有限公司。

五、竞争警示线——20%

同业竞争是指上市公司所从事的业务与其控股股东或实际控制人或控股股东所控制的其他企业所从事的业务相同或近似，双方构成或可能构成直接或间接的竞争关系。一般认为，关联企业特指一个股份公司通过20%以上的股权关系或重大债权关系所能控制或者对其经营决策施加重大影响的任何企业。这时会出现20%是重大同业竞争警示线的说法。

六、临时会议权——10%

可提出质询、调查、起诉、清算、解散公司。

七、股变警示线——5%

对于上市公司，证券法规定达到5%及以上，需披露权益变动书。从规则角度看，持股低于5%至少有两个好处：一是没有锁定期的约束；二是不需抛头露面，减持也不用披露。

八、临时提案权——3%

单独或者合计持有公司3%以上股份的股东，可以在股东大会召开10日前提出临时提案并书面提交召集人。

九、代位诉讼权——1%

亦称派生诉讼权，可以间接地调查和起诉（提起监事会或董事会调查）。

代为诉讼权发生的前提，通俗来讲，要么是董事、高管违法违章损害公司利益，要么是监事违法违章损害公司利益。如果都有问题，股东则可以直接以自己的名义“代公司的位”直接向法院提起诉讼。

在了解了基本的公司控制权的各种股份比例基础上，我们再来看看创建合伙创业的时候，初始的股权比例如何设置比较合理。

基本原则：避免均分、避免无法做决定、避免吃独食等。

两个人创业，我们看到大多数人会选择5：5的方式，但这种是最没安全感的股权结构，也就是当两人有争执的时候，谁也说服不了谁，公司控制权在两人手里是平分的，通过股权投票解决不了问题。特别是当引入第三方或者投资的时候，基本上第三方只要很少的股份就可以控制公司了，因为只要两个创始人有分歧，就得听第三个人的，虽然他股份很少。两人创业合理的股份比例是一大一小，当然也别太夸张，如9：1，甚至比例差距更大的（大股东吃独食）。一般来说7：3、8：2都是可以接受的，看两人的价值和对公司的贡献。

三个人创业，股权比例要避免33.3：33.3：33.4、40：40：20、49：47：4等比例结构，合理的方式可以是70：20：10、60：30：10等方式，这些方式的好处是明确清晰、快速决策。

四个人创业，股权比例要避免25：25：25：25、95：2：2：1等结构，合理的方式可参考：70：20：5：5

以下是一些合理的股权结构供参考：

67%（创始人）；18%（合伙人）；15%（员工股）

51%（创始人）；34%（合伙人）；15%（员工股）

34%（创始人）；51%（合伙人20%、16%、15%）；15%（员工股）

在了解了合理的创始团队股权结构的基础上，创始团队的股权如何分配呢?

首先，要确定创始人。创始人是承担了风险的人，判断创始人最简单的方法就是看拿不拿工资。如果在最开始的时候，公司账上没钱，都不能支付工资给你，那你就是创始人。

其次，确定每个人的身价，有以下几个环节可以来参考。

召集大家来创业的人可以多一部分股权，如5%；创业点子也很重要，谁出的点子可以多一部分股权，如5%；创业迈出第一步是最艰难的，如果某个创始人已经开始着手实施了，或者已经有了初步形态，可以多分5%～25%的股权；根据职位，CEO比其他岗位应该多一些股权，如5%；全职创业最具有价值，全职的那个创始人，应该增加200%的股权；个人信誉对创业是非常大的加分项，如果某个创始人之前有成功的投融资经验或者成功的创业成功经验，那么他的股权应该增加

50%～500%；现金投入部分参照投资人的价值比例即可。

根据以上的不同情况增加后的数字，进行百分比计算即可得出每个创始人的合理的股份比例，再根据前面所描述的合理的股权结构确定初始比例即可。

设定了创始人的初始股权比例之后，一定还要设立创始人股权的退出机制。

作为创业企业，创始人离开创业团队就涉及股权的退出机制。如果不设定退出机制，允许中途退出的合伙人带走股权，对退出合伙人公平，但是对其他长期参与创业的合伙人不公平，其他合伙人也没有安全感。

对退出的合伙人，一方面可以全部或部分收回股权；另一方面，必须承认合伙人的历史贡献，按照一定的溢价或折价回购股权。对于如何确定具体的退出价格，涉及两个因素：一个是退出价格基数，一个是溢价或折价倍数。可以按照合伙人掏钱购买股权时价格的一定溢价回购，也可以按公司最近一轮融资估值的一定折扣价回购。回购金额也可以是当时投入的本金，加上合理利息回报。至于选取哪个退出机制，不同公司会存在差异。

总而言之，股权结构是创业公司的根本，在公司成立之初就应该确定明确的股权结构和后期的进、退、转、让机制，让所有参与创业的伙伴都能清晰了解自己对公司的价值，以及自己所能获得的回报。

第五章

如何经营好一家公司

正确理解商业本质

商业本质是什么?

商业是以货币为媒介进行交换，从而实现商品流通的经济活动。商业有广义和狭义之分。广义的商业是指所有以营利为目的的事业，而狭义的商业是指专门从事商品交换活动的营利性事业。任何一个商业模式都是一个由客户价值、企业资源和能力、盈利方式构成的三维立体模式。

这里使用了营利性而非盈利性，两者虽然读音完全一样，但性质太不相同。盈利性指的是企业获取利润的能力，而营利性则是指企业的商业行为，包括企业从事的任何营业性活动，即主观行为。不用纠结这两个词的区别，通过上面的描述和解释，我们用通俗易懂的方式来描述，商业本质就是企业提供产品和服务给顾客，并从顾客手里收取一定费用的行为。这里的核心概念就是提供有价值的产品和服务，同时赚取利润，通俗一点说就是开公司是要赚钱的。

在国家号召大众创业、万众创新的环境下，很多人头脑发热就产生了创业冲动，以为自己轻而易举就能颠覆某个行业，于是激情满满地开始干起来，热衷于参加各种创业大会、投资人大会等活动。有不少创业者也拿到了投资人的种子轮投资或天使投资，但创业肯定没有那么简单，需要很多条件、很多因素，并不是烧钱就能烧出成功的公司。

我曾深度参与一个创业项目(壹康复),它是一个不缺资金依然创业失败的实际案例。项目最初目标是做居家康复服务类,根据我们前期的市场调研结果,很多人家里有老人或病人(如脑瘫、半身不遂等),家属是非常希望由我们提供这类服务来解放自己的,所以这个服务本身是非常有社会价值和经济价值的。因为“康复”是医学专有名词,提供康复服务属于医疗行为,根据当时的国家相关法规,上门行医是违法行为,后来我们和一位中医推拿大师探讨后,决定以上门推拿理疗作为服务的切入口,并实行“上门策略”和“低价策略”。因为确确实实是社会的刚需,公司很快就打开了局面。但是打开局面的同时,公司却做得越多,亏得越多。

因为提供O2O上门策略,大大降低了服务人员的单位时间内价值,原来可以服务2位客户的时间现在只能服务1位客户,很多家庭对上门服务的接受程度也不够。后来为了扩大市场及影响力所推出的低价策略,类似的理疗师的收入从门店的80~100元/小时,降低至半价。在后期逐渐展开的产业布局中,在上门推拿、门店支持等基础服务还没有做到盈亏平衡时,就大张旗鼓地扩展其他业务线,造成公司人工成本和市场费用严重超支。这些做法都违背了商业的本质。

其实在我们做O2O上门服务之前,线下门店就可以提供上门服务,我们并没有创造一种新的商业模式,只是自己认为可以颠覆传统门店。整个项目若是门店+上门结合的模式,以门店的自然流量为入口,把关内部服务质量,让客户愿意为优质的服务付费,再加上可以提供便捷的上门服务,结果就会不一样。最初的4000万元项目资金,应该可以逐步、稳定地扩张至较为理想的规模，虽说未必能成为健康领域的互联网独角兽企业，但作为一个正常的商业项目良性运营下去是完全没有问题的。

一切不以赚钱为目的的商业模式都是走不长远的。创业要得以持续下去，最基本的要求就是要有盈利能力、能赚钱。有些人会说，京东商城、滴滴打车等项目不是到现在都还没有盈利吗，为什么它们都能做得那么大，而且还在持续投入呢？这个就得深入分析一下互联网的商业模式。互联网的商业模式核心是能够快速获得客户并且留住客户，前期通过大量补贴，扩大企业的圈地范围；通过低价、良好的用户体验的方式做到行业第一，至少是细分领域第一，然后再通过其他方式来赚钱。典型的互联网模式在前面10年大量投入，做到行业第一之后的第一年就能将所有投入都赚回来了。但并不是所有互联网模式的创业公司都能走到那一天，绝大部分都在中途就倒下了。

常规的创业，我认为一定要考虑清楚商业本质是什么，不能本末倒置，不能美其名曰互联网模式，不能一味用烧钱模式获取客户。很多真正的刚需客户根本不需要贴钱的，有真正需求的客户一定会愿意为自己满意的服务付费。只有找到客户真正的需求和痛点、客户愿意付费的商业模式，才是创业成功的必备条件。

每个创业者都需要换位思考，转换到消费者的思维，客户为什么买单？想明白这个问题，才能找到符合商业本质的正常商业模式，“壹康复”项目里面有几个主要因素，可以拿出来一起分析讨论。

第一个关键因素就是“领地”，也就是你提供服务的领地。

俗话说：我的地盘我做主。如果你只是到客户的领地去推销商品、服务，绝大部分情况下都会遭白眼。你要做的是把潜在客户拉到自己的领地来，每个客户都会有这样那样的需求，只要你提供的服务确实能满足客户而且质量不错，让客户在某一方面依赖你、需要你，而你通过自己某方面的特长来满足他，这样才能让顾客主动来找你，想不赚钱都难。

第二个关键因素是“等待”，不要太着急将自己推销出去。当年有一位营销大咖曾说过：当前上门推拿都在打价格战，我们不需要跟进，只要将自己的服务质量梳理好，客户自然会过来找我们，即把草原打理好，第二年好马自然都主动上门吃草了。创业过程中挖掘到客户真正的刚需，有客户愿意付费的情况下，不要太着急出击，修炼好内功，将产品和服务打磨好，等待好的时机，适当的时候再扩大规模和产品线。《穷查理宝典》中，查理和巴菲特也强调不要轻易出手，而是仔细研究和彻底分析，找到最佳的时机重重下注，一辈子只要有几次这样的机会，就足以功成名就了。

了解清楚商业本质是创业项目成功的必备条件，也是创业前必须花时间考虑清楚的最重要的一件事情。当然创业成功还有很多其他因素的影响，有好的商业模式也未必一定能成功。加油吧，在路上的创业者，找到属于自己的真正商业机会。

如何让你的公司活下来？

“今天很残酷，明天更残酷，后天很美好，但是绝大多数人死在明天晚上，见不到后天的太阳。”阿里巴巴集团的总裁马云先生曾经用这样的话形容商场竞争的残酷。他还说：“小公司的战略就是两个词：挣钱，活下来。”按照赛富亚洲投资基金首席合伙人阎焱的数据统计，中国现阶段初创公司的存活率只有1%（但是哈佛商学院的研究发现，成功的企业家再次创业成功的比例是34%），怎么样让自己的公司成为这个活下来的幸运的1%？

一、最小化成本启动

创业公司的资源、人员、资金有限，怎样在有限的资源条件下，把创始团队搭建起来，把产品雏形做出来，把初步的市场模式跑通，是活下来的最重要的第一步。初创公司做这些工作其实是在论证你最初的创业梦想或思路的方向是否正确，是一个早期的试错过程。在这个阶段，切记“最小代价原则”。战略目标和愿景可以定得远大，但执行的时候一定要代价最小化，这样有问题才可以及时调整。

二、做好现金流规划

创业公司成立前期，无论是种子轮投资人的资金，还是创始团队凑的启动资金都不会太多，所以一定要精打细算。这些钱怎么花？能花多久？千万不要想着等到资金真的出了问题再去找新的投资。因为投资人的钱不好拿，而把自己的命运寄托在找到新资金的好运上也是不靠谱的。若1～2个月因为资金问题影响了工资的正常发放，很多人会选择离开，公司基本上也算散伙了，想再收拢队伍重新开始会很难。很多创业公司最初没有专职财务，多采用兼职人员管理现金和其他财务类问题，很多老板只会关心企业网银上的数字，可能的话，尽量选择专业记账软件，结合兼职财务人员来解决实际问题。最后还要提醒下，公司账户和私人账务尽量别混淆在一起。

初创公司的创始人对产品雏形和技术方向的关注很重要。中后期在公司开始正常运转后，每天会发生现金进出，这时创始人需要调整关注点，一定要定期盘点公司的资金情况，切记保证公司的现金流！现金流！现金流！

三、一个时期只有一项关键任务目标

创业公司在早期试错期内，因为资源资金有限，只能集全公司之力，去完成一项最关键的目标，其他次要任务和目标都是浪费资源和时间。实现这具有重大意义的第一目标，插上胜利的旗帜，也更有助于鼓舞团队的士气。

四、尽早做到收支平衡

考虑到公司资金的安全性，一开始可以适当控制公司的营收规模，甚至某些极端情况下以牺牲公司的发展速度为代价，

以期公司尽快实现收支平衡，只有这样，初创公司的安全边际率才会更大。在还没有想清楚如何突破之前，活下去就是最大的目标。只有先活下来，以后才能有机会找到突破点，未来实现更大的价值。

向左走—— ToB？向右走—— ToC？

在十字路口，如果碰到红灯，在不影响行人的情况下，右转是可以走的，而左转是不允许的。以此类推，在创业初始，比较难的是左转 ToB，右转 ToC 相比而言要容易一点。创业公司，如果产品选对了方向，能少走很多弯路，会节省大量时间和金钱，这在创业初期显得非常重要。在我的几次创业过程中，做过 ToB 的业务，也做过 ToC 的业务，经历过产品方向选择的问题，本篇重点分析ToB和ToC的业务方向和对比。

一、一次失败的产品方向和模式选择

我离开阿里巴巴集团的第一个创业项目是 ToB 的服务，基于我在阿里的成功经验，希望向传统企业（特别是金融企业）提供运维自动化产品。经过跟合伙人较长时间的探讨，我和团队用了近9个月的时间，几乎复制了在阿里巴巴的经验，把我在阿里做的产品核心重新实现了一遍，做出了产品的第一个版本。但我们犯了一个很严重的错误，阿里巴巴的体量、环境、运维业务是传统企业无法相提并论的，运维领域在整体行业的发展非常缓慢，除了互联网行业，其余行业的运维水平跟10年前没什么区别，即使偶尔会使用一些新的运维工具，但运维思想和理论几乎没有任何进步。可以说，阿里巴巴集团的运维水平已经到了20岁的青年水平，传统企业却还在婴儿阶段，我们将在阿里巴巴适用的系统拿来给传统企业使用，无异于给婴儿提供摩托车、汽车等工具，他根本无法驾驭。

二、项目失败的反思

这次的产品方向是完全错误的，最核心的问题是不了解客户的真实场景和需求，根据自己的经验自以为是地投入巨大人力、物力做产品。如果重来一次，我会这样做：在阿里已经有了相对传统企业更高阶的成功经验，形成整体运维自动化建设的方法论，并且将整个运维自动化体系拆分成不同的模块和阶段，对于简单能立即使用的模块，使用开源免费策略，让更多的传统企业能用起来，解决一部分浅显而见效果的问题，进而让传统企业对运维自动化有信心，从企业高层入手，从上而下建设运维自动化。在这些使用免费产品的企业名单中，选择意愿很强并且有行业特点的企业跟我们共同发展，签订付费服务合同，从而根据企业自身的业务流程定制开发，那么产品的适应性就会更强，我们自身也会因为有收入而不至于资金压力过大。很庆幸，在我创业失败后，我的好友采用这种模式已经取得了非常大的成功。

对于 ToB 服务，推荐能为企业带来价值的四个方向：多、快、好、省（关于这四个方面的更多论述，可以参看卫哲的一篇文章《B2B 的体验在于“多、快、好、省”》）。初创企业在这四方面选择适合自己的方向，至少做到能为目标客户解决其中一个方面的问题，在一个点上做深做透，就在市场上有了立足之地。若能做到解决两方面的问题，就等于拥有了非常强的竞争力。若在初创期过度追求解决三方面、四方面的问题，则会对企业造成非常大的负担，甚至影响企业的生存。

三、标杆客户的寻找

在选择好服务方向后，更重要的是要寻找标杆客户，ToB业务必须是提供整体性服务，跟ToC最大的区别就在于此。ToC可以先解决整个系统中的一个痛点，让用户满意后再迭代提供其他服务，最终形成一个整体。但ToB的业务是整体的，不能缺少任何一个环节。所以一定要在开始时就找到标杆客户，有时候可以亏一点钱给他们提供产品服务，极端情况下甚至免费提供服务，目的是为了打磨产品，适应企业的真实业务场景，一旦标杆客户案例成功，再推而广之就是顺理成章的事了。

从阿里巴巴集团辞职出来后，我的第二次创业项目（壹康复）做的是ToC服务，主要提供居家康复类的上门推拿服务。当时这个领域全国有上百家创业公司在做，与我们同期的有如日中天的功夫熊、点到等多家背靠大树的创业团队。经过将近一年的产品打磨，我们专注在服务品质、流程等内部细节的完善上，忽略外部竞争，致力为客户提供超出预期的服务，在杭州获取了超过10万的付费用户，在本地其他竞争对手偃旗息鼓之际，我们成为仅有的服务品牌，是一个非常不错的开局。在后期因产品扩展、城市扩展、业态布局等不适，导致的一系列后续问题，等后面有机会我们再做深入分析。

在选择做ToC业务的时候，要从以下几个方面来考虑。

1. 提供的服务是否能满足客户的需求，解决客户的痛点。

2. 同等情况下，提供的服务跟竞争对手提供的服务有哪些优势（服务更好、体验更佳、价格更便宜等）。

3. 你的服务半径是多少？是一公里范围内可复制、同城可复制还是全国通用的？

4. 你的核心业务是否盈利，对于公司整体收支的贡献度是多少？

在创业初期选择产品方向时，一定要考虑自己所提供的服务是否能解决客户真正的痛点，提供的服务是否真的具有用户价值，这是一个最简单通用的原则。但很多初创公司的产品服务并不是这样的，所谓的需求和痛点是自己臆想出来的，是几个创始团队成员窝在办公室想象出来的。企业必须发现真正的客户在哪里，要多了解客户，找到客户真正的痛点，只有这样才能提供真正满足客户需求的产品或服务，用户才会选择企业的服务。在壹康复创业初期，处于投资人基于 O2O 模式找项目的兴奋时段，他们不想错过投资热点和风口。这时很多创业公司推出上门推拿类服务，他们用补贴的形式以非常低的价格做用户数据、开发城市，以期尽快铺地盘，拿融资。例如同类服务的某公司在半年的时间开通了 10 个城市的服务，顺利拿到了天使和 A 轮融资，并且在一年时间里并购了三家与自己提供同类服务的初创公司。2015 年下半年，O2O 的投资热点退去了，在每一单都亏钱的情况下，大部分公司无法运转，被迫关闭或被并购，真正留下来能提供优质服务的寥寥无几。而壹康复是当时服务口碑最好的公司（至少在杭州是这样的）。四五月份，我们讨论战略方向时，从滴滴出来的 M 强力主张我们做好自己的品牌和服务，打磨产品和系统，未来市场一定是我们的。基于此我们很少跟进竞争对手的低价策略，2015 年下半年我们在纯上门推拿和理疗项目上做到成本基本持平，而其他提供同类服务的企业都逐渐销声匿迹了。这很像当年团购大战的时候，美团没有参与这些赔钱赚吆喝的买卖，王兴在闷头完善他的服务和系统，最终这些团购企业基本就剩下美团一家了。

在中国，想在完全没有竞争对手的情况下去发展是不现实的。当你的产品或服务能提供真正的用户价值时，市场上可能已经有其他的竞品存在了。就算你是第一个提出这种解决方案的人，竞品也会马上出现。所以企业一定要清楚用户为什么要选择你的服务，自己的优势在哪里。

差异性服务通常有如下几个方面：

第一，服务更好，能更好地帮用户解决痛点问题；第二，体验更佳，在解决问题的过程中让用户的感受更好；第三，同等服务的情况下价格更低；第四，服务上有创新，能给客户带来超出预期的结果。

壹康复在选择以上门推拿作为切入口之后，虽然初级的服务跟其他同类公司是一样的，都是上门推拿，但我们的服务人员要经由非常专业的中医推拿正骨老师的严格培训，需要通过我们四个维度32个考核点的严格要求，只有考核合格的理疗师才能在壹康复平台上提供服务。而在后期每次服务后，理疗师都必须接受客户的评价，平均分低于4.5分的都需要重新接受培训。基于这个高标准的专业服务，壹康复的客户满意度和二次复购率都非常高，以至于在壹康复最终停止服务后，还有非常多的客户直接找我推荐理疗师，希望再继续给其提供上门服务。

服务半径是产品设计的一个非常重要的维度。虽然壹康复的产品有线上 APP 平台，但实际预约后还是需要由理疗师来提供服务的。每个理疗师的服务半径在3公里范围内，超出这个距离就会因在途成本增高，而使得服务效率降低，也就是说壹康复的服务半径是3公里，只有在这个范围内做到盈利，这个业务模型才有意义。如果在3公里的服务范围内无法盈利，那么10个3公里的业务量叠加也依然无法盈利。这就如给一个在滨江的理疗师在平台上开通城北的服务区域，就算用户量再多，也很难给这个理疗师带来更多的盈利。同样的服务半径模式是以城市为单位，例如同城快运，这种模式下如果在一个城市做不到盈利，开通100个城市就能做到整体盈利，应该没人会相信的。还有一种产品的服务半径是全国范围内，每新开通一个城市对原有服务的城市都有正向的影响，例如阿里巴巴的电商平台，开通服务的城市越多，线上的人流就越大，对商家就有更大的促进作用。这种模式在一个城市可能不盈利，但随着开通服务的城市逐渐增多，可以不断降低边际成本，从而在整体上实现盈利。所以在设计产品时要考虑企业的产品模型是怎样的服务半径，在自己的服务半径内先做到盈利，然后再去复制这个模型，得到资本加持后就可以快速扩张了。

最后谈谈创业的初心：服务有社会价值、能赚钱这两点也对应着公司的核心方向。所有的商业本质都是盈利，因而核心业务是否盈利非常关键，这直接关系到企业是否能持续生存下去。除了为配合资本抢占市场、用户而采取的补贴策略之外，好的产品应该在一开始就能盈利，在这个前提下再根据服务半径去复制模式，打磨服务品质，这样才能做得长久。企业一定不能在核心业务还没做好的情况下，盲目地去开展其他相关业务，这样很容易顾此失彼。壹康复中后期就存在战略方向错误的问题，2015

年整体其实还是不错的，整个理疗师团队基本已经能做到养活自己，当时只要耐心地深耕杭州，就足以让公司发展起来。但是管理层头脑发热，错误地提前布局了深圳分公司；在推拿理疗服务还没完全定型时，花重金筹备了公司自己的职业技术培训学校、中医门诊，及进行养生产品研发等。这些投入开支都很大，造成了公司在成立近2年的时间内，一直没有实现盈亏平衡，再加上公司股权结构不合理及其他问题，最终只能遗憾地关门了。

以上几个方面是在做 ToB 和 ToC 项目时不同的运作方式，不同的侧重点。建议创始人创业之前必须考虑清楚，创业方向的第一次选择非常重要，大部分时候可供选择的机会只有一次。否则创业就等于只是增加了一次经历，头衔变成了连续创业者。

比毕业论文还难写的BP(商业企划书)

作为一个互联网行业的创业者，在公司初期小有规模之后，多半会有融资需求。融资之前，需要创业公司的老板或者创业团队一起合作准备好BP。BP是商业企划书(Businessplan)的英文简写。

BP是创业公司在每次融资过程中需要准备的非常重要的文件，而且每阶段的BP侧重点都不同，需要及时更新，并做好改很多稿的准备。2000年4月，马化腾拿着改了6个版本的20多页BP，从IDG和盈科数码李泽楷那里，终于融到了220万美元。如果你没有马云口若悬河的口才和运气，建议你踏踏实实花时间准备好一份BP。

创业者大部分都能明白BP的重要性，为了吸引投资人，各自使出浑身解数，有不少创业者甚至能把BP写成似洋洋洒洒长篇大论的毕业论文。而且为了达到成功融资的目的，美化、瞎编BP的事件屡见不鲜。BP的内容主要落在“商业”和“计划”上。“商业”其实就是这个项目可以完整走通的商业逻辑；计划是指做这个项目的时间、人力、技术、市场和财务等方面的数据、步骤和相关步骤的详细安排。虽然网上有无数写BP的宝典，总结下来，无外乎都要注意以下几个方面：

一、短还是长?

有些创业公司的创始人在公司工商注册之前，就开始写BP。这个时候属于天使轮融资（或者种子轮）阶段，相比而言BP可以简单一些，因为市场、团队、商业模式等方面都还在思考试探阶段，所以内容可以简练一点，PPT在15页以内为宜。但不少创业者在写BP时进行大段的市场分析和描述，为了讲得更清晰透彻，在洋洋洒洒几十页的市场情况描述之后，才开始讲自己准备干什么。事实上如果投资人对你这个项目感兴趣，他对这个市场通常是比较了解的，起草BP只需要2~3页，描述清楚大致的市场前景和关键数据即可。如果到了A轮及A轮之后的BP，创业公司的市场已经初步打开，可以在细分市场和客户案例上再多花一些笔墨进行论述。总体BP的PPT页数也以不超过30页为宜。所以，综上所述，BP不是越长越好，也不是越短越好，而是用简练的语言、真实的数据，把商业逻辑讲清楚，把计划说明白，尽可能简单明了，不要啰唆，更不要画蛇添足。

二、化妆还是素颜?

不少创业公司在融资过程中，公司处于发展阶段，总会存在各种各样的缺陷。创始人会在起草BP的过程中，在多个环节进行美化。投资人看过BP后，经常会有这样的对话：

问：你们市场有没有打开?

答：我们搞了很多市场活动，签了不少战略合作协议呢。

问：团队怎么样?

答：我们有很多战略合作顾问，还有不少大公司的人才准备加入我们公司呢。

问：技术研发进展如何？

答：我们技术研发人员天天加班，只要您的这期融资资金到位，系统平台应该很快就能上线了。

在创业初期，创业公司存在的问题肯定层出不穷，掩饰不是办法，毕竟在后面的尽调过程中，公司所有的资料和现状都要被翻出来，与其晚暴露，还不如早点主动告知。创业型公司存在问题不怕，正确提出问题的解决思路即可。

三、BP“装修”的秘密

据说现在PPT“装修”是个不错的产业，曾经看到过一个案例：某大学毕业生毕业后任职公务员，相对空闲，业余时间天天研究PPT模板，后来竟然创业成功，因为PPT模板和汇报材料的需求量太大了。创始人在撰写BP的时候，可以使用一些漂亮的模板，但是建议以简单素雅为好，PPT里尽量少用很大的照片或视频类素材，因为在给投资人演示播放时，电脑半天打不开是一件很尴尬的事情。投资人看重的是你的开拓市场和解决问题的能力，不是考察创始人做PPT的能力。

四、深浅的故事（赛道的深浅、厚薄）

投资人拿到你的BP后经常会问：

1. 这个赛道大不大？现在有谁是你的竞争对手？

2. 如果不是大赛道，怎么样在这个细分小领域做到独角兽呢？

这个时候在BP里面市场的数据描述就非常有针对性，大赛道如新零售、电商、人工智能（AI）、SASS服务、半导体、军民融合等，一听就是万亿级的大行业，赛道大且巨头众多，市场不用论述太多，但是怎样在巨头夹缝中找到自己的精准定位，这才是BP里面需要重点论述的。服务在“五环外的人群”的电商“拼多多”和社群电商“云集”都是这样的细分行业黑马，迅速崛起，然后成功上市。

如果是细分行业的小赛道，如何保持在细分行业前三名的地位？细分行业市场小，国内市场总共才几十亿，你如果不做到前几名，创业成功概率很小。曾经有一个细分市场的项目，做专科医院（精神病医院）做得非常成功，却在IPO过程中被否了。坊间传言是因为一个数据造假被否。发审委官员问："根据你公司招股书中描述，中国每3人中有一个是精神病患者，请问我们这评委中哪个是精神病患者？如果不能如实回答，那我们评委有理由怀疑你公司涉嫌夸大市场。"写细分行业BP也一样，小赛道照样有可能跑出黑马，而且一般来讲，细分市场的利润比较高，创业成功的概率反而更大。

五、你的团队为什么这么牛？

创业公司的BP中，对创始人和合伙人团队介绍是一项非常重要的内容。前面计划书内论述市场已经非常大，时机也不错，那为什么机会留给你这个团队来做呢？凭什么你们一定能做好呢？在BP的团队成员介绍资料中，创始人和合伙人的学历、大公司（世界五百强）的工作背景是非常重要的参照依据，尤其和公司业务或方向相关的工作经历。同时公司的管理层团队有明确的决策主线，业务策略谁做主？技术决策谁说了算？公司上下如果有分歧最后谁拍板说了算？是创始人的一言堂，还是几个合伙人民主协商决策？

BP 中这页不是简单的 CEO、COO、CTO 的角色划分和介绍，因为有的初创公司某些角色未必已经配置好，如果没有配齐，现阶段未配齐的角色及其工作谁承担，未来怎么解决？往下的员工执行层的介绍可以一笔带过，适当表述一下团队强大的凝聚力。这页 PPT 里面内容虽然不多，但是投资人提的问题会很多，需要提前想好后面的应对思路和如何表述。狼性的创始人团队，加上虎贲之师的执行团队，是投资人非常乐意看到的。

六、不会算账的老板不是好老板

1. 要多少钱？

BP 最后阶段是估值和融资金额，在估值过程中，创业公司早期的种子轮、天使轮比较难估，到了 A 轮及 A 轮之后反而更容易评估（关于估值的情况比较复杂，将在其他章节进行论述）。

早期的种子轮、天使轮一般融资出让股份在 10%～15%，融资额普遍在 1000 万元以下。A 轮以后，在条件允许的情况下，适当地多拿（融）一点钱，储备粮食。作为早期的公司创始人（公司的决策者），一定要对自己的项目有清醒的认识，项目不妄自托大，不乱叫估值，认真地面对每次和你谈融资的投资人，因为不知道下一轮是否还有合作机会。

2. 怎么花？

花钱的方面有很多：招“牛人”扩充团队，扩充办公室，市场拓展，技术产品研发，等等。BP里面需要比较明确的数据构成。作为一个创始人，一定要花时间了解一些基本的财务知识，虽然不一定成为会计。了解清楚每个阶段所需要的资金规模，匹配好融资成功后要做的关键事项。毕竟拿投资人的钱的成本还是很高的。

七、结束语的小细节

BP最后一页，真诚地把“谢谢(thanks)”写上，并记得附上你认为比较合适的联系方式。花了这么多脑筋和时间写出来的BP，不要漫无目的地乱发，乱发的成功效率极其低。如果有可能，找一个投资圈里的朋友或者专业人士推荐，效果也许会好很多。

怎样和投资人聊天？

经过很多个日夜的修改，比博士论文还难写的 BP 写好了，如何面对如评委一样的投资人进行答辩呢？这是个比写 BP 更难的难题。“纸上得来终觉浅，绝知此事要躬行。”实实在在地把创业思路向投资人讲清楚，讲透；同时，让投资人明白整件事是合乎商业逻辑的，并且要能通过逻辑推理证明是可能实现的。

一、投资人的聊天思路

1. 你是做什么的？

BP 里面虽然已经有很详细的资料介绍，但是投资人还是会问到这个问题，这时候回答问题的态度一定要端正，认真详细地向对方做介绍。当然也有情商低的创业者被问急了：“我不是给你发 BP 了，你自己不会看吗？”提出问题是投资人了解创业项目和创业者情况的基本程序和流程，投资人把你的 BP 资料看完后，感觉你的 BP 写得不错，说明投资人对你有好感，也愿意继续往前推进一步，约你见面聊聊，这个时候只是万里长征的一小步而已。严谨地把你 BP 写的“我是做什么的”内容用自己的语言清晰流利地表达出来很重要。有些创业者类比法用得比较多：我是电影行业里的“小林志玲”，我想成为这个行业里的“小华为”等。创始人是一个企业的灵魂和领导者、管理者，需要较高的综合素质，投资人通过和创业者面对面聊天、观察，可以从侧面判断出创业者的沟通表达能力、逻辑思维能力、随机应变能力等。

2. 未来你公司怎样赚到钱（商业模式），同时怎么样让我也赚到钱？

在BP中前半部分主要是在阐述创业的赛道规模、商业模式，论证商业模式的合理性、可执行性，简而言之，是清楚地告诉投资人这个项目是有机会的，有很大的机会，我已经发现了，我能赚到钱，你投资到我公司，我也会让你赚到钱。

举个生动的例子，就像一个采蘑菇的小姑娘说：我爸爸教过我，我知道什么时候能采蘑菇，我知道蘑菇大概长在什么地方，我会采蘑菇的技术，我还会小心翼翼地把采好的蘑菇放到篮子里，洗干净、储存好，然后伺机再把蘑菇卖掉。在交流过程中，一定要用数据说话，尽量不要太煽情，要聚焦在数据和逻辑论证的可行性上。

3. 为什么我能做好这件事？

在交流完第二个问题后，复杂的第三个问题就开始了。市场非常大，机会很好，但机会未必是留给你的。你怎么样去实现这个未来的目标呢？为什么机会是留给你的？不要做太多假设，而是要放大团队的长处，正视自己的短处，“万事俱备只欠投资人的资金到位”这种话千万不要过分去强调。

理由可以是自己对这个行业多年的理解和积累，而且理论基础已经非常完善，已经做了一些商业模式的小尝试，经过初步论证已经跑通了，所以想加快步伐，壮大队伍，所以需要投资。自己为了对投资人的钱负责，已经有风险的应对计划……当然投资还是有风险的，但是要强调自己会控制项目风险，让资金相对安全。投资人做风险投资，对于风险是有自己的承受能力的，只要在其风险的控制范围之内就可以。投资就是用不可控的风险部分做杠杆，来博取未来项目利益的最大化。

二、你的生意被 BAT（百度、阿里巴巴、腾讯）做了怎么办？

这个是投资人常问的经典问题，网上有很多种标准答案，这里不展开讲，只是想强调一下，“寸有所长，尺有所短”。大公司不一定能把所有的产业链做好、做完整。比如：京东商城 3C 产品和物流做得找不到对手，但是产品经过强大的物流，到了客户的地址后，却对用户要求的上楼安装设备无能为力（个性化需求太多）。马云先生说阿里巴巴在电商行业用望远镜都找不到对手，却在与“五环外”异军突起的拼多多公司的 PK 中无力拼杀。无论用什么方式，找到自己的精准定位，提供差异化服务或产品，在你专注的细分领域也许你就是天下无敌。

三、和投资人聊天的技巧

1. 态度

投资人约你一起聊天，要么图钱，要么图人，基本上不会是因为你颜值高、长得美。收到投资人的邀请时不要太激动，也许他只是想验证一下他的判断。主动凑上去时不要显得太卑怯，也许这更会增加他否定项目的决心。总之一句话：保持一颗平常心。毕竟大部分的投资人对你来说可能都是过客，你还有更多的人要见，你还有更多的约要赴，把握好尺度，不卑不亢地见上一面，愉悦地聊一场。另外，切记一定要守时。

2. 不能撒谎

大部分投资人都经验丰富，阅人无数。所以在和投资人见面聊天时一定要认真对待自己的书面资料，以及当面讲述的信息和观点，千万别撒谎，也不要夸大其辞。大部分投资人在行业内的人脉都很广，基本上通过打几个电话，就可以完成对你在行业内的背景调查。添油加醋或者夸大其辞地美化，都很难达到预期的效果，反而会断送再进一步的可能。真实地告知实情，才是明智之举。

3. 熟能生巧，在家多练几次

创业者都很忙，投资人也很忙。创业者和投资人见面很重要。无论你准备的BP有多完整，但是在现场表达时还是有可能发生临场表达不熟练的情况。所以不管多忙，认真地在办公室从头至尾多练几遍，熟能生巧，多找找感觉，这对你更好地和投资人聊天肯定有帮助。

四、独立思考的意义

1. 强调做自己擅长的事情，做自己能力圈内的事情。

创业维艰，成功不易。创业初期，在资金和市场资源都极其有限的情况下，一定要聚焦再聚焦，专注再专注，尽力拉开和这个领域其他竞争对手的差距，无论是时间、技术、市场等方面。

2. 不要轻易改变自己 BP 的主要思路，尤其是商业逻辑主线。

创业公司的商业逻辑是创始人最重要的思路和灵魂。每个投资人都希望被投标的公司的创始人是个独立思考的成熟的创业者，提出的商业逻辑思路是经过深思熟虑的。

3. 尽量少问投资人“你感觉我这个项目应该怎么做比较好？我的BP应该怎么改？”

问这个问题，对你没有任何帮助，反而会降低投资人对你的好感。

五、坚持住，把你的故事讲下去

投资人从约你开始，就在观察你、考验你。整个过程会用很长时间，甚至一次又一次地见面。多见面未必是坏事，这意味着投资人在投与不投之间纠结，我们能做的，是给投资人信心和论据，让他相信自己的判断是对的。

举个真实的例子。某大型上市电商老板曾经为了天使轮的投资，经常周五下班后飞到杭州，求见同一个知名天使投资人，前后七次。在第七次的最后一次酒桌上，和投资人一起干了最后一杯酒之后，半醉半醒之间，他说：“大哥，如果这次你不投，我可能都要怀疑我这个项目的方向了，回去我要么关掉这个网站算了。”又哽咽着说，“可是我又舍不得这么多的兄弟和心血啊……”最后关头，投资人被创业者真真切切地感动了，第二天马上就签了TS（投资意向书）投了他。后来项目成功，公司高速发展，很快顺利在美国上市，市值最高时300亿元人民币。

坚持到最后，也许希望就在前方。

论企业文化的重要性

文化是什么？文化是智慧群族的一切群族社会现象与群族内在精神的既有、传承、创造、发展的总和。我听过一个在阿里巴巴做组织文化的“大牛”给出的解释：文化是身边的人自然、自发去遵守和理解的一些行为和语言。他举了个例子：在拉萨大昭寺外，那么多朝圣的人围着大昭寺磕长头，这就是一种文化；又如在广东要喝早茶，这也是一种文化。

企业文化是一个企业内部大家共同遵守和约定的行为方式，企业文化也必须有精神、故事、传承等概念。

在杭州最有名的企业文化应该算是阿里巴巴的企业文化，有三大价值观、花名文化、淘宝的倒立文化等，通过这些文化和传承让阿里巴巴的员工有归属感，同时也知道自己是在做什么。

在创办壹康复期间，我们几个核心团队成员一起创建了壹康复的使命、愿景、价值观，以及以道教为基础的企业文化和花名文化。有了这些文化背景后，在跟其他人沟通时能讲得非常有趣。

创业的初衷是：以居家康复为目标，以中医推拿、理疗等方式切入家庭，帮助客户进行调理和养生，以治未病的方式来为客户提供服务，从而达到为客户及家庭提供健康服务的目的。

我们确定的使命是：让健康更简单。这里的更简单有两层含义：

第一层含义是得到健康服务更简单、更便捷。通常我们生病后要去医院，会发现看病要花的时间非常多，去医院的途中，到医院挂号排队、就医排队、缴费排队、拿药排队等。而且，医生给每个病人的时间是非常少的，你花了大半天见到了医生，经常也就是几分钟问诊就结束了，医生能在几分钟内把病人的情况都了解透吗？显然是不能的。医生经常说的一句话就是："拿了药回去吃吃看，过几天再来复查。"而我们提供的是上门服务，在一个小时里，理疗师跟客户是面对面交流和提供服务的，客户通过我们的服务平台预约好时间后，只需要在家里等候即可。我们的理疗师会准时上门提供服务，并且会记录客户的服务情况和健康档案。我们的理疗师是对客户身体状况最了解的人，因此这第一层意思就是得到健康服务更简单。

第二层含义，通过我们的中医推拿理疗手法，很多病是可以治疗的。比如脊柱问题、腰椎间盘突出等，去医院检查的结果基本上是要开刀解决，而我们的正骨大师通过推拿手法，配合针灸等手段，是可以治愈这类疾病的。那么从这个角度来说，客户获得一些疾病治疗的方法会更简单，无需手术、吃药就可以解决问题，相比到医院开刀、住院要简单得太多了。

在明确服务模式及使命后，我们还确定了企业价值观及我们的行为准则：客户第一、团队合作、自我完善，要求所有员工都以这个标准来要求自己。

然后谈谈我们的花名文化。我们的员工分为两大类：一类是后台职能团队，包括常规的人事、行政、财务、技术、市场等；另一类是直接为客户提供服务的理疗师团队。员工的花名也分两类：后台职能团队人员都以一味中药为花名，例如我的花名即杜仲（一味中药）。我们团队中还有很多中药类花名，如当归、栀子、马宝、三七、木香、琥珀、柴胡、杏仁等。中医的历史，是跟道教有关联的，道医的说法就是因此而来。所以，我们为理疗师设计了一套花名规则，以道教的最大教派龙门派的百字辈作为取名方式。“道德通玄静，真常守太清；一阳来复本，合教永圆明。”将“道德通”三字作为宗师级别的名称。我们自己培养的理疗师取名从玄字开始，每个字100人。我们有道壹、道悟、道然等推拿正骨大师，由他们培养理疗师团队。理疗师团队每个字作为一辈，以100人为限，满100人后就取下一个字。所以我们的理疗师名字如：玄鑫、玄忍、玄勤、玄萌、玄玺、玄廷、静安、静卫、静萧等。这些名字现在都已经深入人心了，即使公司已经停业快一年了，我们之间仍旧以花名相称。

我们还为理疗师定制了统一的工作服，在左胸会有字辈的那个“玄”或者“静”字，在衣服侧面有四句话：同根同源，同心同德，一宗一派，一字一辈。这是我们希望壹康复的文化能传承下去，大家师承一派，同在一个团队，有一个共同的愿景和追求。

在这样的文化影响下，壹康复的团队凝聚力和执行力都非常强，从公司成立起不足一年的时间内，为杭州将近10万人提供了健康上门服务，很多客户见到壹康复的理疗师就感到非常亲切，理疗师们走在大街上就是一道亮丽的风景线。

企业文化在企业快速发展过程中至关重要，而且在公司发展好的时候效果暂时看不出来，但是在公司碰到问题的时候，团队的共同文化和基因，会帮助公司渡过难关。当年非典期间的阿里巴巴，也是由于强大的企业文化使得团队能够坚持下来，最终走向巨大的成功的。

为什么你的项目总是延期交付?

在互联网公司创业的项目中，很多是无法按时完成的，原因各有不同，解决方案当然也多种多样。今天我根据自己的经验来分析一下项目延期的一些常见原因及我能给出的解决方案。

需求理解不清。造成项目延期的最大原因是需求分析阶段没有正确理解客户需求。技术人员一般非常自负，觉得你说的需求我都理解了，甚至在客户还没把需求完全讲清楚之前，就已经开始写代码了，以显示他的能耐。我在前面一篇文章中提到了沟通能力对于技术人员的重要性，在这里就是非常典型的场景。

客户描述需求是从自身的理解和角度出发的，客户跟技术人员是完全不同的两个视角，这就势必会造成技术人员得到的需求并非客户最真实的需求。那么客户在什么时候会发现开发的产品跟自己的需求有偏差呢？越早发现对项目进展越有帮助。等项目快完成客户才发现技术人员对需求的理解不对，那么再做调整就已经来不及了，离最初要求的交付时间已经很近了，客户只能接受项目延期的事实，或者接受一个需求不对的产品。

对项目的难度估计不足、工作量估计有偏差。在初步拿到需求时，技术人员对需求里的逻辑和细节理解是不够的，往往会对项目的难度估计不足，绝大部分技术人员在评估工作量时都比较乐观。例如技术人员对一项功能评估出来的时间是他自己的实现时间，但很少考虑如果出现意外需要的处理时间，需要跟其他模块进行联调的时间，以及出现漏洞后的多次修复时间……很多时间他可能都不会考虑进去。

需求变更。这个也是造成项目延期的重要原因之一。前面提到了因需求理解不清楚造成项目延期的情况，而更多的时候，造成项目延期是因为客户对需求的描述一直在变化。尽管在需求分析阶段已经过再三确认，但随着时间的推移和环境的变化，客户的需求也会随之发生变化。需求有变更，对技术人员来说是最麻烦的事情，可能从设计、编码、测试都需要重新再走一遍，前面几个星期的工作都白费了。

沟通不到位。整个项目是由一个团队来完成的，这其中就会涉及人与人之间的沟通和协作。我们知道一个人做事情，所有细节和顺序都会在自己的大脑中，基本上不会出错。但一个团队做事情，就要求团队所有人能像一个大脑那样干活，这需要长时间的磨合，而各自状态、进度的随时暴露，很多团队很难做到这样协调的配合。一旦合作的人之间沟通不到位，就会产生不必要的耗费，累计多了就会对项目的按时交付有较大影响。

针对以上常见原因，根据我个人经验，有以下解决方案以供借鉴。

需求反复沟通确认。跟客户讨论需求的过程要尽可能细致，宁愿前期多花时间进行需求沟通和确认，也不要将需求的沟通放到研发开始之后。一般我会建议按照以下5个步骤进行需求沟通和确认。

1. 让客户将需求讲解出来，详细讲解各个细节。

2. 根据客户的讲解，将需求以原型文档的形式整理出来，在整理过程中及时跟客户确认疑问点。

3. 将原型讲解给技术研发人员，确保客户的需求在技术上是可实现的，同时听取研发人员的意见和反馈，调整原型。

4. 就调整后的原型与客户沟通，以便客户理解原型实现的方式和所做的更改。

5. 让技术研发人员对原型进行讲解，确保研发人员对需求的理解和客户的需求保持一致。

一般经过这5个步骤后的需求沟通与确认，返工的可能性就比较小了。

正确评估工作量。根据需求进行工作量评估，是所有项目都需要进行的环节。我的经验是由研发人员对需求进行拆解，尽可能将工作任务拆解到1～2天的工作量，只要你能将任务拆分开，表示你对需求的理解透彻，你对工作量的评估相对较准确。这类似庖丁解牛，在庖丁眼里，整只牛已经分成了若干个器官组合，他非常清楚哪块是什么器官，该怎么下刀子。在庖丁眼里，拆解一条牛需要多少刀、需要多少时间都是非常明确的。同样，在对需求的理解和工作量评估中，若你能将需求、任务拆解到1～2天的工作量，就说明你对需求任务的理解到位了，评估出来的工作量才相对准确。

另外，有一个业界常用的做法，就是在研发工程师所评估出的时间的基础上，乘以1.5～2倍的系数，将计算后得出的时间作为真正的工作量时间，这也是相对靠谱的。

正确管理需求变更。有一句话说：唯一不变的是变化。项目过程中发生需求变更是非常常见的，而且是一定存在的。作为项目管理者，对需求变更这个事情要有正确的认识。有些项目管理者对客户说不允许变更，否则项目就延期。这样的做法可以保证项目按时交付，但客户的满意度就很低了，因为客户的需求没有得到正确的处理和满足。

我的建议是：跟客户要从认知上达成一致，项目按时、按质量交付是最重要的，相信客户也一定会认可这个目标。

在这个基础上，我们要对需求变更进行管理，根据需求的重要性进行分级。如果某个需求变更不做进去，按时交付的项目版本可能就有瑕疵或者不能使用，那么我们就必须把这个变更做到当前版本中。同时，我们还需要分析引起这次变更的原因，如果是我们自身的原因，那就跟客户讲清楚，然后想办法消化掉多余工作量，如加班、加人等（虽然加人一般是没用的）。如果是因为客户的原因引起的，那我们需要评估这个加进来的任务对开发进度的影响有多大。跟客户沟通清楚，可以将这个变更的需求加进来，但为了保障项目的按时交付，需要从原有功能列表中减掉一部分优先级低的功能需求。从当前需求拿出来的，或者变更部分不影响当前上线的，也需要排一个功能需求优先级，告知客户在确保这次按时交付后，会根据优先级顺序将一些需求功能尽快处理掉。将这些原则性的东西跟客户沟通清楚，一般客户都是能理解的。

能交付的产品永远都比完美的产品更有价值。希望这篇文字能给你的项目带来一些帮助。

为什么创业公司不能用技术外包？

很多创业公司，因为创始人是非技术出身，在不懂技术的情况下无法开展业务，说得再直白一些，技术平台不上线，业务就根本无法开展。无奈之下找技术外包也是当下最好的选择，但单纯的外包公司大部分时候是做不好的，见过太多创业公司的创始人最后和外包公司之间对簿公堂的案例，我们就从理论上谈谈这种技术外包方式的利弊。

一、技术团队的重要性和必要性

随着社会的发展，计算机和互联网已经成了所有公司不可或缺的工具，也成了每个人日常生活、工作不可缺少的基础工具。不论是基础的人事、行政、财务，还是业务相关的营销、服务等，都离不开计算机和网络的支持。

常规业务如招聘、财务记账、报税等都已经有第三方软件提供商提供了标准的软件工具，而公司自身的业务体系，如果是采用标准的业务模式（纯销售型、推广型），则可以借助第三方的成熟软件工具来进行，只需要支付一部分软件工具使用费用即可。而一旦产生具有自己特色的业务需求，则需要进行定制开发，在第三方成熟的软件体系中加入具有自己特色的业务需求，将是一个昂贵的投入，不论对于需求方还是软件提供方来说，都如此。

因此，当公司的业务有自己特色的时候，拥有自己的技术团队就是不二之选，特别是初创公司，业务模式并没有成熟，还需要根据市场推广和用户反馈等进行频繁的调整，相应的业务系统也需要进行频繁的调整来满足业务发展需求，这也就需要提供技术支持的团队能快速响应。市场和机遇是瞬息万变的，如果业务系统不能及时跟上市场变化，对公司的业务发展形成掣肘，则是非常得不偿失的事情。

二、单纯外包公司做不好创业公司技术支持的必然性

市面上有很多专门做软件外包服务的公司，对于业务相对成熟的公司，在自身业务体系中将一部分非核心并且相对稳定的需求，交由外包公司来实现，是完全可以的。只需要与负责外包对接的人将需求和相关的限制条件沟通到位，外包公司是可以达到相应要求的。

但是对于创业公司，单纯的外包公司是肯定做不好的，理由如下：外包公司要的是利益，在业务需求明确的情况下，能用简单的方式实现会尽可能用简单的方式来实现。举个例子，我们盖房子，如果需求就是一个两室一厅的房子，能够遮风挡雨——其他细节的需求通常是提不出来的（因为初创公司了解技术的人并不多，更别说有经验的技术专家），那么在费用固定的情况下，外包商一定会给你盖一个成本最低的两室一厅，很可能就是茅草房。但随着业务的发展，对系统的需求会越来越多，也就是针对这个茅草房会提出更多功能的需求，如需要扩建、加层、增加功能间等，但因为基础只能满足两室一厅的要求，其他需求基本无法实现，可能就会导致需要完

全返工的情况。当然如果公司业务基本没有发展就没关系，结局也就是创业公司倒闭而已。因此如果希望创业公司能快速发展并壮大，单纯外包公司就绝无可能配合得好。

在业务发展过程中，对需求的变更和功能的增加是家常便饭，外包公司会要求针对每个变更都进行详细分析和费用报价，以确保外包公司的利益。对于创业公司来说这是非常头疼的事情，不仅费时、费力、费钱，得到的结果还是非常不满意的。我身边在创业期找外包公司来做技术支持，且最终撕破脸的创业者很多，对于创业公司的创始人来说都是一部血泪史。

三、创业公司自己组建技术团队的困难

由创始人自己想办法组建技术团队，是很多创业公司初期特别想做的事情，他们会说我什么都准备好了，方案、投资各方面都就位了，就差一个程序员来实现它。但真的是这样吗？

技术体系也是有各种详细分工的，简单点说，分为面向客户端的（iOS、Android、H5、PC端、交互设计、视觉设计），面向服务端的（Java、DBA、功能测试、性能测试），面向线上的（IT、运维），以及需要跟运营、CEO、市场、销售交流、整理思路的产品经理，协调各方正常交流和工作的项目经理等。

大学刚毕业的学生可能没有办法胜任如上任何一个岗位，有多年经验的优秀技术人员，有能力承担开发工作的大部分分工，但没有人可以承担所有的开发事项。能找到拥有多年经验的优秀技术人员，是创始人的福气。然而，这样优秀的人是所有公司都希望找到的。阿里巴巴、网易等互联网公司每年都在大量招人，若能在阿里巴巴年薪上百万，对方凭什么要跟着创

始人从零开始打拼呢？

阿里巴巴、淘宝经过这么多年的发展，已经有非常稳定的业务模式和盈利能力，每年都还在招聘大量的优秀技术人才。并不是说业务稳定后技术平台就可以不再投入，反而是因为业务的发展，需要在技术上增加更多的投入，以便提高业务系统的效率和能力，进而促进业务和业绩的提升。

如果创始人找到一个理想的技术负责人，假设他能做以上各种事情，但因为没有创业理念，而是采用大公司的思路来做事，那么带来的结果是什么呢？某公司的技术团队就是类似的情况，采购最好的服务器、用最好的工具软件（JIRA、Confluence等），技术投入一年将近500万元，可最后并没有为业务发展带来本质的提升。如果遇人不淑找到一个能力并不是那么真实的人，如滴滴打车初期，由于程维和王刚自身不懂技术，经人介绍找到一个技术合伙人，由他来和外包公司对接，开发出来的打车App连最基本的呼叫响应功能都做不到。程维拿着这样的程序去跟投资人谈判的时候，说自己都想钻进地缝里去。后来他们才知道这个技术合伙人的能力相当于阿里巴巴技术人员的P3.5级别（阿里巴巴技术人员级别最低是P4），直到半年后找到了现在的CTO张博。张博带领技术团队连续3个月加班熬夜，将滴滴的系统平台重构后才能扛得住后来的打车大战。

四、创始人该怎么办？

基于以上分析，创始人该如何找到自己中意的CTO，同时快速组建自己的技术团队呢？详细论述可以参见前面第三章的《非技术型创业CEO如何找到中意合格的CTO？》

第六章

浅谈创业中的一些心得

为什么技术人员一定要用苹果电脑?

初看这个标题可能会招致很多人质疑，不少人建议我换成“为什么技术人员应该使用苹果笔记本电脑”会更合适。但我仍然坚持“一定要用苹果电脑”，这是我们多年技术管理工作的真实感受和体验。如果一个技术人员干了5年以上而从未接触过苹果电脑，那我从内心会觉得他可能不一定是一个好的技术人员。这里的技术人员，不仅仅是指程序员，我觉得还应该包括产品经理，甚至是运维工程师等技术相关岗位的从业人员。有些人会问：那什么是苹果笔记本电脑呢？由苹果公司生产的笔记本电脑，常见的型号有 Macbook Pro、Macbook、Macbook Air 等。同时苹果公司还有如 iPhone、iPad、iWatch 等一系列周边电子产品。自从IBM的ThinkPAD卖掉之后，我自身及家庭基本上用的全是苹果品牌的设备，已经是实实在在的一个苹果品牌的粉丝。

那为什么我会说技术人员一定要用苹果电脑呢?

先从设计和生态系统来说。目前市面上最常用的两种主流桌面操作系统：微软的 Windows 和苹果的 MacOS(Linux 作为服务器是一统天下，但作为桌面操作系统还是有点差强人意，这里就不做对比了)。微软的做法是，Windows 操作系统和配套应用软件都需要付费购买，所有电脑和服务器的硬件都可以设计成 Windows 操作系统，是个开放的生态，有它的优势和长处，能让百家争鸣的局面产生，而问题也大量存在，就是大量的漏洞、病毒，加上操作系统自身的设计是越运行越臃肿，所以才会有奇虎（360）之类公司的生存空间。使用Windows时最常见的操作就是关机重启，以便回到初始状态，再逐渐变得臃肿，周而复始。而苹果的MacOS是专门针对苹果的电脑进行设计的，是一个封闭的生态系统。MacOS团队会针对苹果电脑做很多优化，MacOS是基于Unix系统发展而来的，系统会一直保持流畅，我的Macbook Air一年都很少关机，经常只需要将屏幕盖上就可以了。下次再用的时候，翻盖就直接使用，就算关机MacOS也都是保留当前的桌面状态，重新启动系统后，原来的工作环境和界面都跟关机前一样。仅仅就这个设计来看，技术人员在电脑开关机和再次开始工作的环节，MacOS就能节省不少时间。从生态系统来说，开放的生态自然有它的好处，但不足也是非常明显的，各种良莠不齐的软件、硬件设计，以及病毒等都会让操作系统变得不可用。我自己清楚记得，在使用Windows系统运行的笔记本电脑的时候，几乎每月甚至每周都需要花费一定的时间来维护操作系统的可用性。而苹果的封闭生态系统就很好地解决了这些问题，所有的应用软件都需要通过苹果公司的认证才能装到操作系统中来，几乎不需要为操作系统去做什么维护，一年下来节省的时间还是非常多的，最重要的是基本上不用操心了。

从软件工具层面来说，MacOS是从Unix系统发展而来的，自然就具备了Unix的优势。很多程序员要使用的工具MacOS就自带了，而用Windows做开发还得下载各种工具的程序进行安装、配置，还会存在各种版本的冲突问题，会造成很大不便。

最主要的问题是，当前服务器环境主流都是基于 Linux 的，而 Linux 跟 Unix 也是类似的操作系统，跟 Windows 则是两种截然不同的世界。那么在开发的时候如果在 Windows 环境下开发，还需要到服务器上进行调试。经常碰到这样的情况，在本机测试没问题，放到服务器上就各种不适应。而 MacOS 下开发的程序放到 Linux 上基本不太会出问题。现在很多应用程序都有 Mac 版本和 Windows 版本两种，而程序员使用的工具则会优先出 Mac 版本，所以对于使用 Windows 版本的程序员来说不能及时使用最新的工具版本。

从软件产品开发角度来说，除了服务器程序，常见的也都是 Windows 版本、Mac 版本，以及移动端 iOS 和 Android 版本等，在 Windows 操作系统上是基本无法开发 Mac 和 iOS 程序的，而 Mac 操作系统中可以开发所有操作系统版本的程序。特别是对于现在无线互联网时代，iOS 程序的开发是不可避免的，必须使用 MacOS 才能做到。你可以说你不做 iOS 程序，但你的团队不能不做吧，别人都可以做就你做不了，这也会造成团队协作方面的问题。

从使用角度来说，MacOS 的设计本身就非常简洁，而且符合人性化的操作习惯，苹果笔记本的触摸板功能强大到让 Windows 的触摸板很鸡肋。例如看图片，使用多手指操作就如同看真实世界的图片，翻页、放大、缩小都那么地顺畅。小朋友在基本没有成人指导的情况下也能自己摸索学会大部分功能，很多成年人觉得别扭，其实是被 Windows 的操作固定住思维了。

从文化上来讲，国外的程序员、黑客使用的都是苹果电脑，他们的工具、代码也都是基于 Mac 写出来的，作为一个优秀的程序员是有机会跟老外沟通的，不同的操作系统会导致沟通的基础不一样。技术社区和圈子都是以 Mac 作为基础的，在会场中大部分人都用 Mac，你作为其中一员使用 Windows 笔记本，会觉得很难融入其中。

苹果电脑的外观设计非常酷，非常漂亮，很多软件工程师在人前拿出自己的苹果笔记本电脑，自我感觉都会好很多。甚至很多非技术人员也都喜欢用苹果笔记本电脑，但对 MacOS 却是又爱又恨，总是无法适应。很多人在 Mac 上安装 Windows 操作系统（虚拟机），我个人并不推荐这种做法。

产品经理也属于技术人员，以上的各方面论述也同样适合产品经理。单凭节约时间这一条，就足以让产品经理使用苹果电脑了。

有人会说，苹果笔记本电脑比同配置的 Windows 笔记本电脑贵好几千块钱。不说其他好处，就单纯说节约时间这点，一年所节省的时间和给你带来的愉悦心情，早就超过这点贵出的费用了。再说了，技术人员一天到晚都要与电脑为伴，让自己的贴身工具用好一点不应该吗？

从公司的角度来说，给技术人员配置苹果笔记本电脑，有百利无一害，甚至在招聘的时候都能加分。我曾经问过好多个入职的程序员，有不少人回答说，公司的全 Mac 办公环境对他的吸引力占了很大的因素。

无论公司是否给你配置苹果笔记本电脑，作为技术人员我强烈建议你一定要使用苹果笔记本电脑，是一定要，而不是应该。

自律才会自由

中国知名健身公司Keep的App开屏广告上有一句话：自律给我自由。这个词给我比较大的感触，前几天跟朋友一块吃饭聊天，他说我是一个自律性非常强的人。我回顾了一下自己这几年来的生活、工作习惯，还确实是比一般人要自律得多，这里来结合近几年的创业经历，总结、分享一下。

一、工作

我从小就是一个原则性挺强的人，在壹康复创业的时候，为了节约成本，我们选择了杭州梦想小镇的免租办公室。政府对互联网创业项目提供了三年免租政策，这对初创公司来说其实是非常适合的。现在回想起来，这对我们来说其实是不划算的。团队管理层的四个人，有两人在滨江，一人在近江，一人在城北，距离梦想小镇都非常远，我几乎每天要在往返途中花掉2～3个小时，有时碰到堵车可能需要更多时间。就从这个方面来说，四个人的在途时间、油费、过路费，一年下来跟省下来的房租其实已经差不多了。另外，梦想小镇所处的地理位置实在偏僻，创业初始的那半年招聘技术团队的日子，对于我来讲简直是噩梦。

我要求公司技术部门的所有管理人员每周一早上开例会，9:30开始，禁止迟到。我为团队设立了一个规则：9:30开始开会，每迟到1分钟需要给在场等待的每位小伙伴发1元的红包，也就是如果迟到了30分钟，在场有10个人开会，那就需要发300元的红包。在创业的整整两年时间里，开管理层例会我基本没有迟到过。为了确保准时开会，我都会提前1个小时出发，平时上班8:00左右出门，可以在9:30之前到公司，而每周一我会7:00左右就出门，顺利的话可以在8:30以前到，也碰到过路况有问题的时候，但基本都能确保9:30之前到公司。

同样，对于我们技术团队，我只有两个硬性要求：一是每周五16:30开团队周会，不允许迟到；二是团队所有成员周日23:59:59之前需要交周报。这两个限制条件是非常清晰的规则，让团队知道我们做事情的原则。

当然，除了这两个在时间上有明确要求的规则，工作中还有很多其他细节要求，这里就不一一细说。通过制定规则及自律的表现，我为团队做了表率的同时，也提升了团队的执行力。

二、饮食

饮食方面我有过两次重大的变化。我来自一个能吃辣的家庭，爸妈比较重口味，饭菜的油、盐等调料都会放得比较多，毕竟这样口感会更好。而且我自身也特别喜欢这样的口味。记得当年在北京有一段时间特别流行吃烤鸡翅，很多摊位都打出了变态辣的招牌。为了招揽生意，有些摊位推出了谁能吃5个变态辣鸡翅，本桌免单的活动。很多人吃半个变态辣就已经完全无法下嘴了。有一次我不仅完成了5个变态辣，而且吃得停不下来。但我们都知道少油少盐才是健康的饮食方式。

第一次变化发生在老婆的孕期。由于特殊情况，给她的饮食要清淡，为了孩子我也只能跟着吃这些几乎没有什么味道的饭菜。但随着时间的推移，也就逐渐喜欢上了清淡的饮食，改变了自己的口味，非常辣的食物反而吃不下去了。

第二次变化是发现自己身体已经不行了，不仅虚胖，而且体质很弱，所以决定开始健身。同一时间去办健身卡的朋友有好多，最终只有我跟另外一位朋友坚持了下来。健身带来的效果不仅仅是身体外形的变化，也有内在体质的提升，更重要的是养成了健康的饮食习惯。营养丰富的早餐、可口美味的午餐吃八分，晚餐能不吃就不吃。我会选择适合自己的口味，不在大量美食前暴饮暴食，不要求绝对健康，偶尔半夜跟朋友去吃烤扇贝、喝啤酒，也能平常心对待。这种饮食习惯的养成给我的身体健康带来了非常多的好处。

三、睡眠

每个人都有自己习惯的睡眠方式，有固定的睡眠时间。没有人说12点后睡觉身体一定会出问题，但长期熬夜肯定是不好的，这是大家都能达成的共识。因为工作的原因偶尔加班到深夜，这是很正常的。但心里要有健康意识，不能为了工作而丢了身体健康，偶尔熬夜不会有明显的反应，但长期熬夜对健康的伤害会在身体状态上明显表现出来。

俗话说，早睡早起是好习惯。我在前面一篇文章中也分析过，不能早睡的原因其实还是自身心理问题。说工作做不完，其实放到早起的时间里做完全没问题的。

大部分时间我都能坚持23:00前上床睡觉，早上6:00之前起床，这样带给我的好处是睡眠质量很好，养成习惯之后生物钟就会起作用，到晚上23:00之后就无心工作，躺到床上很快就能入睡。而早上基本不用闹钟了，到点了就会自然醒来，利用小孩起床前的这一个小时（小朋友上学要求7:40到校）能做很多事情。早晨头脑清醒，不管是看书，还是写作，都非常好。

四、锻炼

自从2011年我真正健身以来，锻炼成了我日常的习惯。

跑步是最简单的运动，不需要准备太多东西，换上上衣、裤子和鞋子，就可以开始了。而且我家离闻涛路很近，一般6～10公里来回也就跑一个小时多一点，并不浪费时间。我有时候早上去，也有时候晚上去，一般一周会跑3～4次。

最近骑车较少，主要由于天气太热，骑友也少了。以前有持续1～2年，我跟一个自行车俱乐部（野风单车）的人混在一起，基本每周二、四晚上都会去骑车，闻涛路、龙井、梅家坞、西湖等，一般2个小时左右的骑车、聊天，有时也会去吃宵夜。每月都会有个周末去骑小长途，例如径山、荆州公路、环太湖、环千岛湖等。比较有规律的骑车让我认识了一群有情有义的小伙伴（去年自驾去西藏基本都是曾一起骑行的小伙伴），还给了我一个健康的身体。

平时在家有空也会做一些徒手锻炼，有简单的器材：安装在墙上的单杠，以及哑铃、瑜伽垫、篮球等。随手来两组20个俯卧撑、50个深蹲、10个引体向上等，会记录下每天、每周的一些锻炼情况，确保自己每周都能对身体的每个部位锻炼全面。

跑步、骑车的有氧运动，徒手和一些简单器械的力量训练，高蛋白、低脂肪的健身营养饮食计划，多年来一直坚持的这些综合锻炼方式，为自己带来了健康的身体和相对较好的身材。在朋友约宵夜的时候我可以有正当的理由拒绝，但也不排斥偶尔的放纵。别人在酒桌上酩酊时，我轻松地在闻涛路听着音乐跑步；别人在KTV声嘶力竭地歌唱时，我可以愉快地在健身房挥汗如雨。这些是我的选择，我为自己的选择负责。

五、自律

自律给我自由，所谓的自由不是想做什么就做什么，而是想不做什么就可以不做什么。在自己的个人行为上，我能达到初步自由，当然还不够，还需要继续坚持自律。

你对自律是怎么理解的呢？你的自律生活又有哪些呢？

有人说自律不应该是对人的标签，而是对于事情或者目标的坚持。我觉得这是理解的角度不同，实际意义是一样的。对事情或者目标的坚持，必须是由人来承担的。例如跑步这事，你可以说对跑步这个目标的坚持是自律，同样这个事情放到一个人身上，我们完全可以说这个人有自律的能力，能在跑步这件事情上做到坚持，能坚持跑步的人一般对饮食有较高的要求，不然跑步都白跑了。这个人能坚持跑步、控制饮食，那么也能从侧面了解到，他在工作中也属于那种能够自我控制的人，而不是非得有人推一下才前进的人。

谈完了自律，我们来说说什么是自由。

自由是一个政治哲学概念，在此条件下人类可以自我支配，凭借自由意志而行动，并为自身的行为负责。学术上存在对自由概念的不同见解，在对个人与社会的关系认识上有所不同。自由的最基本含义是不受限制和阻碍（束缚、控制、强迫或强制），或者说限制或阻碍不存在。“自由”在中国古文里的意思是“由于自己”，就是不由于外力，是自己做主。在欧洲文字里，“自由”含有“解放”之义，是从外力制裁之下解放出来，才能自己做主。“自由”的解释是：没有外在障碍而能够按照自己的意志进行的行为。

自由不是无法无天，而是按照自己的规则活下去。自由不是想做什么就做什么，而是想不做什么的时候可以选择不去做。这跟自律有共通性。

基于这些描述我们可知，自由会有很多领域，例如财务自由、言论自由、信仰自由等，我在这里写到自己的自由体验，更多的是一种思维和身体力行的感受。

在生活的很多方面我有自己的自由选择，在工作方面也同样如此，我尽可能在自己的能力圈内选择工作和项目，这样能安排好自己的时间和规划，在做出承诺后尽可能地兑现我的承诺，不管是预约开会、给同事或客户回复邮件、产品研发等，我都会提前规划好，对时间的把控能做到相对准确，对客户的承诺大部分都可以按时兑现。所以跟我合作过的同事和客户，都愿意持续跟我合作，在我对他们说“不”的时候，他们也都是能认可和理解的。所以我说，在工作上因为自己的自律和诚信带来的自由是一般人所不能体会的。

自由不是想做什么就做什么，而是想不做什么的时候可以选择不去做！

该坚持还是放弃?

柏拉图说，人生最遗憾的，莫过于，轻易地放弃了不该放弃的，固执地坚持了不该坚持的。但什么是不该放弃的？什么又是不该坚持的？相信很多人都有这方面的困惑，人非圣贤，也无法预测未来，面临选择的时候经常是纠结的。

生活中处处都是选择，一段长时间两地分居的恋爱，是继续坚持下去还是及时放手？面临多个工作机会的时候，该选择哪个呢？一旦选择了一个就相当于放弃了其余所有机会。在选择时并不知道哪个机会是最好的，如何来判断呢？

某位互联网公司的创始人说，投资人的成功很多时候其实是靠运气的，那些投资成功后大谈特谈自己有远见的，难免有事后诸葛亮的味道。当年腾讯公司起家时，国内做相同业务的企业有很多，而腾讯并不是最好的，马化腾差点以50万的价格卖掉QQ（那时候还叫OICQ）。那些投资了比腾讯更好公司的投资者，应该算是运气不太好罢了。在现在这个大众创业的时代，投资成功了几家公司的投资人，其实运气的成分要比眼光更多一些。

一个人创业能否成功，还是比较难去预测的。空格APP的创始团队，是全明星豪华阵容加盟，还没任何产品的时候就拿到了几百万美元的天使投资，而90天后又拿到德同资本和招银国际上亿元的A轮投资，但运营了不到两年即停止服务下线了。空格团队在后来转型做了共享充电宝，也拿到了巨额融资。空格团队放弃了第一个项目，选择了共享充电宝，这是否正确呢？还需要时间来验证。

创业有太多太多的悲惨故事，因为失败的案例太多了，不少前期拿到融资的项目，甚至是巨额融资的项目，都已经销声匿迹了。最近杭州发生的“星空琴行”事件，我无法知道真实的情况，只是看到过创始人发的内部邮件，告知管理团队已没有股权，而原投资人拒绝再追加投资，然后直接把全国60余家门店同一时间关闭。但是没过几天又以公司名义说正在协调，会正常服务到底，当然新发的通告并没有看到创始人的名字，那他是要坚持下去呢，还是就此放弃了？我们无法去衡量对与错。

今天跟一个创业的朋友聊天，他创业的想法和执着让我觉得他应该坚持，但他的创业项目一直没有办法落地，而且找了多家投资机构也未能拿到融资。创始人跟小伙伴们一起努力干了2年多，在一个二线城市做过很多的落地推广工作，然而，项目还是没有太大起色。有可能是感觉二线城市互联网创业环境差，他自己一个人跑来杭州，希望能借助杭州的互联网氛围重新发展起来，可最大的问题仍旧是不能落地、没有资金，团队中的大部分人无法继续下去。我给他的建议是得想办法让自己和团队先活下来，梦想和情怀得在赚到钱后再去想办法实现。他仍旧坚信自己的想法是对的，虽然最近这几个月在投资人那里一直碰壁，分析后却认为是因为自己的想法动了很多投资人的奶酪，所以很多投资人不敢投，这个逻辑是混乱的。

那到底该坚持什么，该放弃什么呢？

很多创业项目在逻辑上看起来是通的，甚至有一些是前人已经验证过的。如果认定创业项目对自己的成长有积极意义，就应该去坚持，而不应该只是自己感觉好的才去坚持。人是会思考的高级动物，这是人区别于其他动物的关键点，通过思考去判断这个事情在逻辑上是否成立，是否已经有过验证的实例。例如，通过坚持写作能提高个人能力和影响力，已经有非常多的前人验证了这个事情，因而写作对个人能力的提升在逻辑上是成立的，那就应该去坚持。例如锻炼健身，也有非常多的青年人逆袭，这在逻辑上也是成立的，没有理由不坚持。

如果创业项目经过多次论证，在逻辑上完全讲不通，还非要去钻牛角尖，就不好了。别人也能通过正当理由跟你说明白的事情，就不要去无谓地坚持了，该放弃的时候就得放弃。

一直在说未来是不可预测的，但其实很多事情是可以预测的。例如天气预报，可能一周之后的天气预报会错得离谱，但一天后的天气预报的准确率是非常高的，2个小时后的天气预测应该是更准确的了。我们自己在做的事情，很多也是可以预测的，例如今天如果熬夜了，那明天起床肯定会很难受；持续阅读、深入阅读，是会让自己的头脑变得更聪明；坚持健身和健康饮食，可以让自己的身体变得更健康、更健美；好好学习，考上大学，毕业后的工作情况有很大可能比没上大学的人的选择更多一些。

所以，我们要选择在逻辑上成立的，并且对自己的成长有积极意义的事情，不管是自身的学习、工作还是创业，坚持方向性正确的事情，持续下去。而前人踏过的坑，能避免的就应该避免，该放弃时就得放弃。

必须要承认我们大多数人都是普通人，持续提高自身能力，在正确的方向上坚持下去，相信一定会有好的结果。

人的一生都在成长

在上一个创业公司的某次团队例行周会上，我问了大家两个问题：你对成长的理解是什么？你希望三年后自己成长为什么样的人？大部分团队伙伴都没有提前准备，这也许就是常人的思考力和行动力吧，能真正付诸行动的人肯定不是一般人。

有一位3年工龄的小组长说，自己对成长的理解是做技术专家，3年前其实也有想法和规划，但3年过去了，现实和自己的期望有距离，同时期加入公司的3年老员工，很多都已经比自己更优秀。我跟他探讨到底是什么导致自己没达到预期，比其他人更弱一些，他说不出具体的原因，觉得可能是自己英语水平差一些，导致英文文档阅读不畅，很多知识无法更快地理解，别人解决问题需要10分钟，自己可能需要一个小时，其实这些都不是真实的原因。

大家其实每天都在学习、写代码、解决问题等，每个人的时间是一样的，为什么有的人明显成长得更快、解决问题的能力更好呢？

相信能真正去反思的人，进步一定会比其他人更快。

在周会沟通中我们提到了“1万小时定律”。在某个领域能持续1万个小时的练习和精进，基本上能在该领域成为专家级别的人物。在技术领域工作3年，理论上也应该能在该领域成为专家，至少该领域的大部分问题都是可以解决掉的。但团队成员中虽然工作满3年却有很多人还达不到这个水平，是深入得不够，或是投入不够，也可能是方法不对。

我们还进行了另外一个概念的探讨，数据→信息→知识→能力，当今社会是信息过剩的社会，你想要得到的信息，绝大部分都可以通过某种方式获得，这些存在于图书馆、互联网上的内容都是数据，当你关注了，看过后，它们就变成了信息；当你读懂了这些信息，能理解其含义，它们就变成了你的知识。而仅仅有了知识还是无法改变我们的人生，这就像你就算了解了所有造火箭的知识，也未必能造出火箭；你了解了所有攀登珠穆朗玛峰的知识，你也未必能登顶。我们需要将知识转化为自身的能力，才能真正改变我们的人生。

提到成长，所有人都说自己希望能快速成长，但问到如何成长、对成长的期望是什么，却没几个人能说得出来。

大家都认可成长意味着能力的提升，例如解决问题的能力，以前同样的问题需要一个小时，现在只需要10分钟就可以解决，这就是能力的提升。例如，沟通能力是技术人员高质量达成工作目标所不可或缺的。在整个沟通过程中，大部分技术人员都不知道该怎么表达，甚至有人整个会议一句话都不说，这暴露了技术人员的弱点之一——沟通能力很差。

这次讨论不算成功，仅仅是开了个头，需要持续追问下去，让团队的每一个人都认识到成长的含义，以及要为成长付出的东西，期待下一次的沟通。

在我决定坚持写作时，第一天的文章标题是“一次关于成长的讨论”，经过将近3个月的写作和思考，我自己对成长的理解和认识也有了一些变化，这里跟大家分享一下我在这方面的认识。

我对成长这个概念的认知，在本质上发生了一些变化，在第一篇文章中其实我并没有给“成长”一个明确的定义，只是含糊地认为成长是一些能力的变化，能解决一些以往无法解决的问题，在某些领域有所成长，但这是一个很模糊的概念，也无法具体衡量。当然成长本身就是一个量变的过程，很难准确度量，不像赚钱那么直接，今年赚了100万，是有精确数字的。

我很喜欢李笑来在书中提到的，他认为成长是对概念的认知和理解，是可以度量的。你对概念的认知多了多少，对概念的打磨和理解又加深了多少，有多少概念在这段时间被你认知并深入理解了。成长的核心就是认知变化的过程。

我们在交流沟通的时候，经常会说：某某怎么对这个都没概念。这里的“没概念”就是对指定领域的知识没有认知。当你去了解这些概念并理解、运用的时候，就会变成你的能力。对知识、概念的学习打磨也是有一个过程的，跟我们学习成长的过程是一样的。从不理解、不懂开始，通过学习对概念有了感性的认识，深入学习之后能理解这些内容，并用这些知识来解释现实世界的一些现象，进而通过自己的实践将知识概念运用到自己的生活、工作中，最终变成自己真正的能力。

昨天跟一个做健身教练的朋友聊天，他好像自己一辈子就只能做这一件事情了，对其他的东西都不理解，也完全没概念。我当时就问他：“难道不能通过学习来理解这些知识和概念吗？现在互联网这么发达，用着最好的苹果手机，只是刷朋友圈，玩弱智的游戏，怎么可能成长、进步呢？如果真的想要改变，就要行动起来，把学习到的知识在生活中践行起来。”

脑子里没有概念，是不会考虑学习和成长的。有人说自己看不进去书，那当然就决定了你不可能比别人成长得快。成长的过程都是艰辛的，为什么有的人会比你强？你看肥皂剧的时候人家在学习，你在 KTV 消遣的时候人家在看书写作，你在酒吧玩的时候人家在研究……你的时间都拿来浪费了。

依然从健身这项活动来看，仅仅有健身的知识是远远不够的，还要严格按照规范进行锻炼，包括饮食和休息。我的那位做健身教练的朋友自己能坚持锻炼，身材特别棒，而很多人在健身这件事上三天打鱼两天晒网，肯定是没有结果的。一个好身材摆在那里，他就是比普通人强。自律和坚持是一个人能成功的基本素质。在健身成功的人身上，至少可以看到复利效应的成果。

历史上所有成功的人，没有一个不爱学习的，只有持续地学习和成长，才能造就伟大的人生。

成长最关键的就是积累，坚持每天的学习和锻炼，打磨已有的概念，升级认知。投资自己的大脑和身体，就是其中两个稳赚不赔的投资。持续学习、坚持锻炼，带来的价值远远超过金钱带来的价值。

复利思维、逆向思维、冗余备份思维、系统思维等，只是一个学习的开始。未来还有很多的思维模型我们会持续整理、学习和践行，你是否也理解成长的概念了？

必不可少的复盘

一、什么是复盘?

“复盘”一词有三个含义，分别来自围棋、股市和贸易。在围棋中，也称“复局”，指下完一盘棋之后，重新在棋盘上把对弈过程“摆”一遍，以检查对局过程中的优劣和得失关键。在股票市场中，复盘指当天收盘后再静态地看一遍市场全貌。在贸易术语中，通常用于项目或活动结束后，对已经进行的项目进行回顾，对经验和教训进行总结。

2001年柳传志先生在联想集团提出复盘概念，随后复盘方法论在2011年向全球推广，各行各业也将此概念运用到企业和个人的提升上。

在阿里巴巴集团内部，复盘被运用到了极致。阿里内部的一个团队曾主导了一个培训班，主要是对电商卖家和企业家提供相应的培训。该团队之前并没有太多这方面的经验，开班第一天就有个学员反馈，说培训真不像是阿里的团队负责的，因为场面很混乱，培训效果也不好，一天下来所有人都不太满意。第二天，该学员就明显感到了阿里团队的强大，因为当天培训结束后，负责培训的团队并没有结束，而是利用晚上的时间复盘了整个白天的培训情况，对每一个细节充分讨论、分析，并得出对应的解决方案，在第二天的培训中就有非常大的改善。最后，结束了一周的培训后，绝大部分学员都非常满意。这就是阿里巴巴团队独特的地方。在项目和活动结束后及时复盘，并用复盘结果指导下一阶段的工作，让团队和项目每天都在进步。

二、复盘的方法和步骤

常规复盘分为四个步骤：回顾目标、评估结果、分析原因、总结经验。

在项目和活动中，主要是人和事的问题，那么在项目结束后，也是针对项目中的人和事来进行复盘的。回顾目标时，要尽量客观准确地将目标清晰地整理出来，在实际过程中，团队是否紧扣项目目标在做事，是否对目标理解清晰等。复盘时，要让参与项目的每个人都回顾自己的理解，是否能清晰描述出项目要达成的目标。团队成员还需要分清目的和目标的区别，目的是为什么做，而目标是做成什么样的结果，并清晰地知道目标之下可量化的具体指标。这样才有动力和激情。如果事前对活动目的不清晰，在复盘过程要追补清晰，让团队在接下来的工作过程中做到目的清楚、目标清晰。

评估结果是复盘中很关键的一个环节，需要团队成员实事求是地进行分析和评估，坦诚而深入地讨论，不用指责、抱怨等方式，客观回顾过去发生的实际情况，厘清每件事情的来龙去脉及参与人当时的情绪和感受，对结果的事实陈述等。根据实际结果和目标预期，衡量结果的优劣，找出做得好的地方、做得不好的地方，以及团队成员对结果的满意度等。

根据上一步骤评估的结果，对做得好的和不好的地方进行分析，主观原因、客观原因都要详细深入地剖析。所有事情都是由人来做的，那么对应到的每个相关人员要分析清楚，是因为能力不够还是态度不好等，这需要客观地明确出来。在分析成功因素时，多想想是哪些客观因素导致的；分析失败原因时，多深挖主观因素，包括要检视是否因目标、目的不清晰或明显失误导致的失败等。

前面做的所有步骤，都是为了能在今后做得更好，不论是在目标设定、行动计划、执行方式等方面。所以，总结经验并制订下一步行动计划尤为重要，这也是复盘对团队和个人能力提高的关键。根据评估和分析的结果，确定相关规则、规范和行动计划，所有的行动计划都必须包含目标和时间要求，并且责任到人。在确定规则、规范的时候，要想得更高、更远一些，寻求更通用的解决方案，不要局限于就事论事。

三、复盘的注意事项

在回顾目标时，要清晰地知道目的和目标是什么，不要将过程或者手段当目标，这样是得不到应有的结果的。在分析产品的时候也有类似的陷阱，我们经常跟客户聊需求，客户会跟产品经理说，我需要一个这样的功能，在界面的这个位置我需要一个按钮等。发生这种情况是因为每个人都会思考，碰到问题时常常会根据自己的经验提出解决方案。客户对自己领域的业务非常清楚，但对于产品及技术并不了解，因此提出的解决方案往往不是最佳的。而当我们的产品经理根据客户提出的“需求”（实际上是解决方案）直接工作时，最终得到的产品未必是最好的，反而经常是有缺陷的产品。

分析原因时，要实事求是，尽量不要带着个人主观情绪去分析，特别是在分析失败原因时。每个人都不希望失败，但既然已经成了事实，就要多分析团队成员每个人的主观原因，而不是在情绪上指责他人。在复盘过程中不要计较个人得失，要以提升团队作战能力为前提，敢于反思为什么，深入问题根部。

复盘过程中的自我剖析是必不可少的。自我剖析的实质是用今天的眼光和能力去审视昨天的做法，从昨天的行为中学到对未来有用的信息。因此，在自我剖析的时候应尽可能做到客观，不给自己留情面。可以自问这样一些问题：当时出了什么问题？我是如何应对的？应对效果如何？多问几次为什么，找到问题的根本原因，跟同事、同行业其他公司横向对比有哪些差异，并分析找到具体原因。

复盘的意义在于分析过往已经发生的事情，目的是提升自己和团队的战斗力。那么，就一定要注意避免流于形式、带着团队走走过场，不能为了完成复盘而复盘。

四、个人复盘

我们通常说的复盘，都是以项目组为单位，一个项目或者活动结束后进行复盘。对于个人来说，也可以利用复盘来提升自己的经验和能力。例如反思日记，其实就是对自己前面一段时间工作和生活的复盘、总结，可以拿出一件事情或一个参与的项目来进行自我复盘。回顾整个事件的发展过程，个人在里面所起到的作用和影响，评估该事件的结果是否符合最初的预期。如果不符合，那么是哪些原因导致的，主观的和客观的？有意识的还是环境造成的？如果重来一次，是否能有所改善？总结得出的经验教训在之后如何运用？

个人复盘多长时间做一次呢？一般我觉得可以一周进行一次较为完整、正式的复盘，每天可以简单地回顾一下当日的活动，粗略地复盘并做好记录，只有坚持使用复盘和总结的方法，才能让自己持续性地成长，享受复利带来的价值。

复盘是我们重新检视过去经历的一种方式，以第三方的角度客观审视我们的态度及处理问题的方法。相信这种不断地向过去的自己学习，也以过去的自己为鉴的总结方式能帮助我们更快速地成长。

关于认知和选择

马云先生曾经说过：选择大于努力。这个观点大部分人都认同，但很多时候我们不知道如何做选择、有哪些选择。

说个例子，是为了加深大家对选择的重要性的认识。

有三个人即将被关进监狱3年，监狱长允许他们每人提一个要求。美国人爱抽雪茄，要了3箱雪茄；法国人最浪漫，要一个美丽的女子相伴；而犹太人要了一部与外界沟通的电话。3年过后，第一个冲出来的是美国人，嘴里、鼻孔里塞满了雪茄，他大喊道："给我火，给我火！"原来他忘了要火。接着出来的是法国人，他手里抱着一个孩子，美丽的女子手里牵着一个孩子，她肚子里还怀着第三个孩子。最后出来的是犹太人，他紧紧握住监狱长的手说："这3年来，我每天与外界联系，我的生意不但没有停滞，反而增长了200%，为了表示感谢，我送你一辆劳斯莱斯！"

在生活和工作中，很多人在有很多选择时反而是痛苦的，说自己有选择综合征。苹果最近新发布的手机，除了常规的iPhone8，还有完全创新的iPhoneX，很多人这时就不知道该如何选择了，导致iPhone8销售惨淡。我们不去评估iPhone8销售不好的真实原因，但肯定有很大一部分人是因为要等iPhoneX而放弃了iPhone8，至少我身边就有好几个朋友是选择等待的。

在工作机会的选择上，很多人也会碰到难题。我曾经有一个做运营的朋友，得到两个工作机会，一个是去亚马逊，一个是去迪士尼。他很纠结，常跟我讨论、分析，列出了所有觉得有必要对比的方面，包括距离、品牌效应、薪资奖金等，约有四五十项，但一直确定不了最后的结论，一周后，竟然通过掷硬币来决定接受哪家公司的邀请。对于优秀的人，通常都会有很多机会，而如何选择确实是个难题。

对于有些人来说，生活可能是没有选择的，只能先坚持熬着，让自己活下去，这时候的关键问题在哪里？我一直觉得就是认知的问题。穷人为什么一直穷，关键就是认知能力不足，不知道自己不知道。

这里也跟大家分享一个故事：一个乞丐说，如果他当了皇帝，一定要用金饭碗去讨饭。这就是乞丐式思维，因为他的认知有限，就算他有了钱和权，考虑的也是如何解决要饭的问题。

世界银行高级副行长、首席经济学家林毅夫教授曾经一针见血地指出："穷人把钱存入银行，实际上是补贴富人。"在中国也有一个奇怪的现象：穷人想尽一切办法把钱存到银行去，而富人到银行贷款。结果穷人越来越穷，富人越来越富。穷人存钱容易贷款难，富人只贷不存钱，穷帮富的结果是富越富、穷越穷。

这也是由于认知局限造成的。穷人的思维和认知让他只能越来越穷。很多普通人买彩票中大奖，风光一阵之后，都会回归到中奖之前的状态，甚至是更差的结果。所以要想改变贫穷，首先要解决的是认知问题。

傅盛在谈到认知的时候，提出了认知的四个状态，95% 的人都属于"不知道自己不知道"的境地。

只有当你的认知提升到"知道自己不知道"的层次，才知道需要去学习和提升。所谓的终身学习必须建立在认知层次提高的基础上。

在自己学会开车之前，经常觉得司机开车时候都不遵守交通规则或者在路上乱开车，当自己变成司机才意识到，其实大部分司机跟行人、骑电动车的人相比，是处于绝对的弱势地位。在交通安全方面，很多人不知道晚上不要穿深色的衣服在马路上行走，没有开车经验的人通常没有这样的认知。而有司机经验的人就非常清楚，如果行人在晚上穿深色衣服在马路上行走，因为视线原因非常容易出事故。若我们能有这样的认知，就绝不会这样做，从而避免让自己陷入高风险之中。而没有这方面认知的人，出现这样的场景和事故的概率就要高很多。

再谈对于工作的选择，大家一定要清楚自己想要的是什么，如果能有清晰的目标，或者对自己未来3年要成为什么样的人有非常清楚的认识，那么如何选择就变成相对容易的事情了。有清晰的目标时，实现目标过程中的杂念和痛苦，都是很容易跨越过去的。而没有这种认知的人，只能做能满足当前生活需要的工作。如何才能快速成长呢？认知得不到提高之前，根本连机会都没有，特别是如今这个互联网型社会，竞争的激烈是空前的。

古希腊哲学家芝诺曾说过："人的知识就好比一个圆圈，圆圈里面是已知的，圆圈外面是未知的。你知道得越多，圆圈也就越大，你不知道的也就越多。"所以要提升自己的认知，扩大认知边界。通过学习和实践去认知更多，是一个人得以成长的关键。

认知提升了，才能知道选择的标准，知道如何选择才会变得有意义。认知提升了，可选择的机会自然也会多起来。

为什么？为什么？为什么？

提出疑问是一个非常好的思考方法，也是让自己学会独立思考的正确路径，很多人不会独立思考就是因为不知道怎么提问。知道“问题是什么”远比知道“答案是什么”更重要！问题不一定有标准答案，但一定要有好的问题，才能问出有意义的答案。

“为什么”是一种提出问题的好方法，知道从哪个方面去提出为什么，就能更好地解决问题。

当年我在蓝汛（China Cache）的时候，带研发团队负责公司核心系统 OSS 的开发。当年公司的 CDN 业务占有国内市场80%的份额，腾讯也是我们的客户之一。

这里我先说说CDN的业务原理。

CDN 的原理简单来说就是在不同的网络中部署我们的服务器，将客户服务器的内容同步到我们在各个网络中的服务器中，让用户可以通过跟自己最近最快的网络获取客户服务器中的相同内容（这是通过域名解析的方式来实现的，具体技术原理请自行查询资料）。CDN 服务能盈利的前提就是批量购买运营商的带宽，然后分别提供给多个客户使用。其实这就类似批发—零售的模式，加上CDN服务商可以内部进行各个服务器的使用调配，从而达到最优化的结果。在这种服务模式下，不同的用户访问同一个域名（如 img.qq.com）会因为用户所属的网络不同而请求到不同的服务器，也就是对域名的解析会出现不同的IP地址，这个IP地址还是由CDN服务商进行统筹分配的。

当时腾讯给我们的商务经理提了一个需求，希望得到各个地区访问腾讯服务的具体服务器IP地址，以便他们能监测各地用户的访问性能。我认为这是一个非常合理并且很有必要的需求，客户需要知道CDN服务商提供服务的质量。当时研发经理知道这个需求后，跟产品经理及商务经理商量后决定要做这个功能，在客户后台将提供服务的各地服务器IP地址展示给客户。这个方案在拿给我评审的时候，被我当场拒绝了，我让商务经理及产品经理再跟腾讯的接口人沟通，了解客户为什么要这个信息，要解决怎样的问题等。

最终得到的信息是：经常有腾讯用户反馈网站的某些服务访问缓慢，而我们的CDN服务后台没有性能的监测信息，所以腾讯的工程师建议拿到用户访问的真实服务器IP地址，由他们自己来做性能监控。我当时拒绝这个请求的理由是，如果将提供真实服务的IP给了客户，那么我们内部就无法再随时统筹调换服务器，而被客户给绑定死了，双方都没有任何好处。经过这次“为什么”的追问，我们了解了客户的真实需求，这个需求其实是所有CDN客户都需要的，因此我决定将该项性能监控功能开发到客户管理后台，提供给所有客户使用，既解决了腾讯这个特定客户提出的需求，又增加了我们的服务竞争力。

很多时候，客户提出的需求，并不是真正的需求，而是站在他的角度提出的“解决方案”。通过多次“为什么”的追问，可以透过客户的表面需求直达其内心深处的真正需求。

这是一个很常见的现象，产品经理如果功力不够深厚，加上客户（业务方）比较强势，会导致各方的矛盾。产品和技术是相对专业的一方，而客户（业务方）对业务的理解较深，但对产品和实施却不够专业，让不专业的人员提出解决方案，总是会有不少漏洞的，经常是不好的解决方案。我们在做产品时经常听到的说法有：在页面这个地方加一个按钮。为什么要加个按钮呢？为什么要加在这个地方呢？这些问题如果能及时提出来，就可以优化、改进这个“不专业的解决方案”。

再举个例子，老板跟秘书说，“帮忙订下明天去北京的机票”，剩下的就交给秘书去办理。如果这次行程是没在计划内的，秘书怎么办？根据以前对老板的了解，确定好机票航班，订好接送车及酒店，这么做能让老板有一个舒适的行程，但我认为做到这里最多只算个合格的秘书，肯定不是优秀的秘书。如果可能，应该多问几个“为什么”，为什么要去北京，去北京要解决什么问题等。如果老板的答复是参加某些会议，当然是按标准的参会流程去安排，让行程最舒适即可。但如果老板说想去散散心，这时候可能就不一定是订好机票、酒店就行了，住的地方最好安排到某度假村，这可能是更好的解决方案。

这些都是需要通过多问几个“为什么”，来探寻现象或者问题的根源。只有真正解决本质的问题，才能做到最好。

第七章

百战归来再读书

创业是一个极其艰难的漫长的过程。作为公司创始人，大部分时候都是在往外输出自己原有的知识积累，在创业期间给自己充电的时间很少，都在考虑公司的战略、销售、产品、人员及财务等，基本上每天要面对各种纷繁复杂的问题，而最终的决策，大部分由创始人来决定。一次次解决公司的市场和技术难题，一次次帮助公司做出生死攸关的正确选择之后，很多创业者都会有被掏空的感觉。这个时候，如果公司发展状况良好，建议创始者有空还是充充电，多看看有用的书吧。“百战归来再读书”，沉下心来看书、思考，也许不久之后，你就会有意想不到的收获。以下是一些对创始人有帮助的书籍及部分书籍的读后感，分享给大家。

我对第一性原理的学习和理解

特斯拉公司老板埃隆·马斯克的做事原则里，第一性原理是最受大家关注的，但什么是第一性原理呢？看了很多国内的翻译和讲解版本，感觉都没有很清晰地讲清楚，最近听了混沌大学李善友教授对第一性原理的讲解，才感觉找到了一些门道。也仅仅是对第一性原理有了更清晰的认识，离自己能掌握和运用还差得很远。这里将我个人对第一性原理的理解分享出来，或许在后续的实践中会有更加深入透彻的认识，届时再深入分享。

第一性原理（First Principles），最早出自2300年前古希腊哲学家亚里士多德的书中。其对第一性原理的描述如下：在每一个系统的探索中，存在第一原理，这是一个最基本的命题或假设，不能被省略或删除，也不能被违反。在这个解释中，第一原理相当于数学里的公理，也就是不需要去证明的但属于不证自明的命题，而其他的命题和假设，则需要通过这些公理去进行推理和认证。

我们在做任何选择和得出结论的时候，都会根据一些前提条件进行推理和假设。例如，我们都会认为明天的太阳仍旧会从东方升起，那我们的头脑是如何得出这个结论的呢？有人会说这是常识啊，因为太阳每天都会从东方升起（虽然阴天和下雨我们看不到，也不会影响太阳正常升起）。从我们第一天来到这个世界上，所看到的就是太阳每天从东方升起，老一辈传给我们的知识，也是太阳每天都是从东方升起的。这个结论确定是对的吗？或者说在任何情况下都是对的吗？大家先思考一会，后面我们再回过头来分析这个问题。

为了能更清晰地向大家描述，这里再举一个例子。你从出生开始，看到的天鹅都是白色的，在国内各地旅游看到的天鹅都是白色的，去欧洲、美洲旅游看到的天鹅也都是白色的，因此你得出一个结论，天鹅都是白色的。这个结论对吗？我们能很清楚地认识到，这个结论很可能是不对的，因为只要我们找到一只天鹅不是白色的，这个结论就不成立。引用这个例子来说明问题，是因为我们大家经常能听到一个词——黑天鹅，所以当我们听到“天鹅都是白色的”这个命题时，第一想法是不对的，肯定还有其他颜色，如黑色、黄色等。但是，在澳大利亚发现第一只黑天鹅之前，欧洲人却认为天鹅都是白色的。

如上面两个例子所述，通过前人的经验和自身的眼界而推导出来结论，这种方法我们称之为归纳法。这是通过大量的特殊事件推导出一般结论，容易得出以偏概全的结果。我们回想一下自己在做选择和决策的时候，是如何思考的呢？我们每进行下一步推导和决策，依据的是什么？让我们得出结论的基石是什么？这个依据或基石是如何形成的，背后的原因是什么，我们有去深究吗？

每一件事情都有其背后的原因，而这个背后的原因是否能成立，则会影响我们后面的每一步选择和决策。如我们要建高楼大厦，地基是否稳固是非常重要的。我们在买股票的时候，是通过什么理由做出买入决策的呢？绝大部分人是凭感觉或听风声买入，那不变成韭菜还能是什么呢？巴菲特和查理·芒格在选择股票的时候，则会列出详细的投资清单，进行深入分析和研究之后才买入，从他们经营的伯克希尔公司的股价就能看出来，他们是世界上最成功的投资家。

所以我对第一性原理的理解是：我们在做选择和决策时，后面那个让自己行动的原因，以及背后最深层次的原因，这个最本原的因素，是否能站得住脚，是否会影响选择和决策事件的最终成败。

埃隆·马斯克做Tesla、SpaceX、SolarCity等完全不同领域的产品和业务，用的就是第一性原理，我们来举例解释一下。最初制造Tesla的时候，最难解决的就是电池的续航能力，当时做得最好的是日本的松下，用作电动汽车的电池组的市场平均价格是600美元/千瓦时，要让汽车能续航400公里以上，所需要的电池组的成本已经完全超出预算，根本无法实现。马斯克通过第一性原理去分析，电池组的原始组成材料是什么，从伦敦金属交易所得到的锂电池组的原材料价格，只需要80美元/千瓦时，加工原材料然后组合得到电池组，采用的方法是笔记本的电池组组合方式，就得到了远低于市场价格的汽车电池，从而实现了业界最长续航的电动汽车Tesla。整个过程马斯克并没有发明出新的方法或技术，仅仅是将锂电池原材料重新组合了一下，完全是利用了已有的其他领域的技术。再来看看他的火箭产品，传统的火箭发射是一次性的，造火箭、发射卫星是异常昂贵的，而且要花费不少时间。马斯克利用第一性原理思考，为什么火箭不能重复利用？用户的根本需求是低成本、快速地发射小型卫星。这样马斯克的SpaceX公司围绕这些基本的东西展开研究和探索，截至今天，马斯克的 SpaceX 可以将火箭发射出去后再回收，实现了火箭的反复、多次利用，大大降低了发射卫星的成本。

回到本文中提的第一个问题："我们都认为明天的太阳仍旧会从东方升起。"这个命题真的正确吗？当然我没有办法在现在这个时刻去证伪，但看过《三体》的朋友就会知道，在今天的太阳落下去之后，明天会怎样是未知的，或许太阳会继续升起，或许有三个太阳同时升起，将地球全都烤焦，又或许是没有太阳升起，地球将进入很长一段时间的寒冬期。

前面提到过我们很多人的思考方式，都是采用归纳法进行的，俗称经验主义，即根据以往的经验而得出结论。因为每个人的经历、所理解的知识和见到的世界存在差异，从而会得出不一样的结果。面对同一件事情，不同的人会有不同的看法和理解，这是非常正常的。那我们应该怎么思考呢？

李善友教授在演讲中提到，人是一个很奇特的动物，在能不用脑的时候就不用脑，能不思考的时候就尽量不思考，所以根据以往的经验做出选择是非常正常的，但这个选择是否正确、合理呢？好在除了归纳法，还有一种思考推理方式——演绎法。所谓演绎推理，就是从一般性前提出发，通过推导即"演绎"，得出具体陈述或个别结论的过程。演绎推理的逻辑形式对于理性的重要意义在于，它保持了人类思维的严密性、一惯性，有着不可替代的校正作用。

演绎推理的关键要从稳固的基石出发，按照严密的逻辑推理得出结论，那么这个结论将是可信的。稳固的基石在哪里呢？埃隆·马斯克的稳固基石就来自物理学原理，乔布斯做的所有产品，都来自他的第一性原理——简洁。那我们也需要找到我们自己的稳固的基石，从而基于这个基础推导出我们所有做事的原则，这样我们的世界观、价值观才能稳固。

在演绎推理中最重要、最有借鉴意义的，是欧几里得的《几何原本》。在这本数学巨著中，所有的结论都来自开篇的五条原则，这五条原则是牢不可破的，通过它们奠定了欧几里得几何学的殿堂。这五条原则是：

1.任意两个点可以通过一条直线连接。

2.任意线段能无限延伸成一条直线。

3.给定任意线段，可以以其一个端点作为圆心，该线段作为半径画一个圆。

4.所有直角都全等。

5.若两条直线都与第三条直线相交，并且在同一边的内角之和小于两个直角，则这两条直线在这一边必定相交。

第一性原理，就是需要找到事物背后的原因，找到那个最本原的根据，从而根据严密的逻辑推理出来，做出当下的选择和决策，这样的选择和决策将会是正确的。当然最主要的是要培养这样的思维方式，通过基本的、正确的理论基石，以及演绎推理的方式进行思考。最关键的是要找到我们自己的理论基石，找到我们自己的第一性原理。如果我们在创业遇到困难、困惑之时，可以借鉴这种思路来思考，说不准困惑很快就可以迎刃而解。

聊聊能力圈和兴趣圈

“能力圈”这个词来自《穷查理宝典》，在一次公开演讲中，查理·芒格讲述了一个关于马克斯·普朗克和他的司机的趣闻。

司机经常拉着普朗克到德国各地举办公开讲座。有一次，对讲座内容了如指掌的司机建议普朗克和他互换位子。司机完美无瑕地将讲座的内容背诵出来之后，一个物理学家站了起来，提出了一个非常难的问题。司机早就准备好了。“好吧，”他说，“慕尼黑这么发达的城市，居然有市民提出如此简单的问题，这让我太吃惊了，所以我想请我的司机来回答。”

在现实世界，弄清楚你何时是“马克斯·普朗克”、何时是“司机”是很关键的。如果无法称职地回答下一个问题，那么你就缺乏真正的本领，这个问题就处在你的“能力圈”之外。

关于能力圈，沃伦·巴菲特说：“如果说我们有什么本事，那就是我们能够弄清楚我们什么时候在能力圈的中心运作，什么时候正在向边缘靠近。”

查理·芒格说：“如果你确有能力，你就会非常清楚能力圈的边界在哪里。如果你问起（你是否超出了能力圈），那就意味着你已经在圈子之外了。”

老托马斯·沃森说：“我不是天才，我有几点聪明，我只不过就留在这几点里面。”

在通过读书接触并理解这个词之后，我又根据自己的体会及跟很多朋友的交流，对能力圈重新定义如下：

1. 跟周边同级别的竞争者相比，你应该比80%以上的人干得都好。

2. 这个事情由你来承担，你有信心和能力100%将它搞定。

能力圈一定是有边界的，最重要的是要能识别自己的能力圈边界，即所谓的知道自己有几斤几两。那么自己在能力圈范围内去做事情，不论是打工还是创业，都能取得较好的结果。

那是否我们就局限于自己的能力圈范围之内了呢，对于边界之外的事情难道永远都不去触碰吗？当然不是这样的，而是要先知道我们的能力边界在哪里，然后通过学习、实践，扩大自己的能力圈到原来边界之外的世界。每个人都是需要成长的，成长的过程就是扩大能力圈范围的过程。

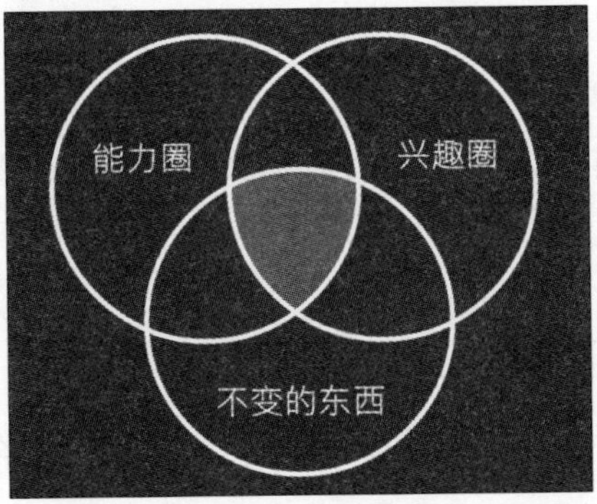

在上图中有三个圈，左上的圈是我们刚才谈到的能力圈，右上的圈是兴趣圈。如何来理解兴趣圈呢？简单地说就是你的兴趣在哪里。我问过很多朋友，他们对于自己的兴趣所在竟然回答不上来。除了生活所迫必须做的事情，其他兴趣竟然不知道有什么。

在跟很多人沟通后，我也给兴趣圈下了个定义。

1. 你兴趣所在的事情，是不需要为了挣钱而去做的事，没人给你钱你也会很愿意去做这个事情。

2. 即使没有钱，为了能持续做这个事情你也可以三天三夜不睡觉。

那么如果能找到自己的兴趣所在，还能结合自己的能力圈来做事，就是既开心又能事业有成，属于人生的一大幸事了。

对于普通人来说，能找到能力圈和兴趣圈的结合点，将自己的时间、精力投入这个区域中去，取得很好的成绩是必然的。

对于创业者来说，则需要更加周全地考虑，你期望投入哪个领域或方向中去呢？图中下面的圈“不变的东西”，说的就是这方面的内容。

亚马逊的创始人贝索斯说：“我经常被问到一个问题：‘未来10年，会有什么样的变化？’但我很少被问：‘未来10年，什么是不变的？’”

我认为第二个问题比第一个问题更重要，因为你需要将你的战略建立在不变的事物上。

把所有资源倾注在不变的事物上，这是多么令人激动的原则。

那么，贝索斯所谓的那个不变的东西是什么呢？

瞬息万变的零售业中，非常普通的三件事情：

第一，无限选择。

第二，最低价格。

第三，快速配送。

同样，在我们的人生选择中，也需要找到那些在未来10年都不变的东西。不论是打工还是创业，我们将精力都投入这些不变的领域当中，再结合复利思维，那么未来10年的成就将不可同日而语。

图中，能力圈、兴趣圈和不变的东西，三者结合的区域，就是我们需要去努力寻找并确定的领域。一旦我们找到这块领域，将我们个人或者公司的所有资源都投入这个领域中去，然后坚持一直做下去，一定会成功的。

再读《穷查理宝典》有感

2017年6月第一次接触《穷查理宝典》，阅读第一遍时基本处于完全看不懂的状态，随后机缘巧合跟几个小伙伴一起成立了查理·芒格研习会，基于查理·芒格的智慧和推荐书籍，以精读挑战的模式学习。读书会已经坚持了快3年时间，自己也因此跟大家共同精读了将近20部经典书籍。在此过程中跟小伙伴一起精读《穷查理宝典》5遍，加上自己其他时间翻阅全书累计阅读不下10遍，对书中的经典智慧深有感触，在随后的创业过程中，结合自身的经验和实践，收获非常多，可以毫不夸张地说，《穷查理宝典》是对于我的人生影响最大的一本书。

2019年2月4日大年三十开始，查理·芒格研习会在领读Justin的引导下，再一次精读《穷查理宝典》，反复阅读本书，每次都有不一样的收获。在这两年的时间里，也听过不少人讲这本书，真的是1000个人眼中有1000个哈姆雷特，从很多不同角度对《穷查理宝典》的解读，讲出来的内容千差万别，但都可以回归到一句话——这本书真是一部“宝典”。

在很长一段时间的工作和生活中，这部“宝典”对我影响较大的主要方面，我简要总结如下：

一、能力圈

这里我再重复一下这几句话：

查理·芒格说:“如果你确有能力，你就会非常清楚能力圈的边界在哪里。如果你问起(自己是否超出了能力圈)，那就意味着你已经在圈子之外了。”

沃伦·巴菲特说:“如果说我们有什么本事，那就是我们能够弄清楚我们什么时候在能力圈的中心运作，什么时候正在向边缘靠近。”

老托马斯·沃森说:“我不是天才。我有几点聪明，我只不过就留在这几点里面。”

很多时候我跟朋友们交流时说“能力圈”三个字非常简单，但能真正理解其中意思的人却并不多。我问过很多人，大多数并不知道自己的能力圈在哪里，只是觉得好像是这样。根据前文中我给能力圈下的定义：就是跟你周边的人相比，这件事情你比90%以上的人干得都好，并且这事如果交给你来负责，你愿意100%地承诺可以搞定它。如果能有这样的自信，那么在这些事情上去创业或者投入，将会事半功倍，创业成功的概率会大很多。

我在2017年8月开始新的创业项目，也是根据能力圈、兴趣圈及不变的东西，这三者结合后确定的创业方向，经过近3年的磨合和演进，越来越觉得通过这样分析、思考后的方向行事，比原来要沉稳得多。

二、逆向思维

查理思考问题总是从逆向开始，他的这种思考方法来源于一句农夫谚语：我只想知道将来自己会死在什么地方，这样我就永远不去那儿了。

1986年，查理在洛杉矶的哈佛学校毕业典礼上发表了“我这辈子唯一的演讲”，在这次演讲中他使用逆向思维的原则，令人信服地从反面阐述了一名毕业生如何才能过上痛苦的生活。了解这些让人生痛苦的方法之后，只要避免它即可获得幸福生活。

在投资中，查理首先要检查的是该项投资会有哪些风险，在将可能的风险都规避的基础上，再深入了解投资的机会和收益。想想我自己之前的股市投资，其实风险意识并不强，很多时候的想法竟然是“就算深度套牢也没关系，大不了变成股东，慢慢等它涨回来”，而这将错过很多其他更好的机会。

创业其实也是一样的，我们要使用逆向思维来考虑一下风险在哪里。如果能尽可能地规避风险，则企业活下来的机会更大；如果能更多地思考导致企业失败的因素，在企业运营中尽可能地去避免这些事情，则企业就能不断发展。据统计数据表明，创业公司90%以上活不过3年，能让企业正常地运营3年以上，则已经比绝大多数的企业要好了。

三、多元思维模型

在《穷查理宝典》一书中，贯穿全书的就是多元思维模型，查理说你必须知道重要学科的重要理论，并经常使用它们——要全部用上，而不是只用几种，大多数人都养成了一种学科思维——比如说经济学的思维模型，试图用一种方法来解决所有问题。如谚语中所说：“在手里拿着铁锤的人看来，世界就像是一颗钉子。”这是一种处理问题的笨办法。

我们所处的世界由各种各样的事物组成，人类的发展也形成了多种学科。对于我们来说，数学、物理、生物学、工程学、心理学、经济学等重要学科，我们必须了解它们的重要理论，并在日常生活、工作中去运用。

例如数学的复利思维、排列组合思维、概率思维等，物理和化学的临界点模型、熵增模型，生物学的进化论、现代达尔文综合模型，心理学的人类误判模型，工程学的冗余备份模型等。从一开始接触《穷查理宝典》我就了解到了多元思维模型的重要性，在我的公众号中也整理过一些思维模型，经过整理并在实践中使用，自己的头脑更加清晰和理性。

李善友教授创办的混沌大学，就是以查理·芒格提出的多元思维模型为基石。李教授在课程中会逐渐地讲解各个思维模型，线下活动也会组织思维模型比赛，让参与的同学们深度思考并实践。

四、双轨分析法

查理说：从个人角度来讲，我已经养成了使用双轨分析的习惯。首先，理性地看，哪些因素真正控制了涉及的利益？其次，当大脑处于潜意识状态时，会自动形成哪些潜意识因素——这些潜意识因素总的来讲有用，但（在具体情况下）却又常常失灵。

一般来说，股票的估值方式有两种：

第一种方法类似于人们评估小麦价值的方法——在使用者看来，小麦有多少实际的使用价值。第二种方法是人们评估伦勃朗等艺术家的价值的方法。从某种程度上来讲，“伦勃朗们”被认为价值很高，是因为他们的价格在过去一路上涨。

我们在做决策的时候，除了理性地分析实际价值利益，更多的要考虑心理因素。股市中大部分波动是靠情绪推动的，完全理性地分析价值会非常艰难。大家常说的股市，特别是国内的 A 股市场，要盈利需要具备反人性的坚持和能力。除了股市之外，我们在日常的生活和工作中，也会碰到很多需要做决策的时候，能学会使用双轨分析，会让我们的决策效率和成功概率都增加不少。

五、人类误判心理学

在《穷查理宝典》一书中，有一大段篇幅在介绍查理·芒格执笔的《人类误判心理学》。2005年，81岁的查理全凭记忆对15年之前的演讲稿进行大刀阔斧的修整，形成了当前我们看到的25篇《人类误判心理学》内容。

人类误判的各种倾向，对双轨分析法的第二种分析方法提供了详细的解释，描述了人们在各场景下产生各种行为的倾向。

网上可以搜到这方面的详细介绍，当然强烈建议大家看《穷查理宝典》，罗伯特·西奥迪尼的《影响力》对查理产生了很大的影响，建议有兴趣的读者也看一下该书。

六、《穷查理宝典》书中的经典金句

1. 想要得到某件东西的最好方法，就是让自己配得上它。

2. 如果你想说服别人，要诉诸利益，而非诉诸理性。

3. 交代别人去做事，同时要交代原因。

4. 如果你把葡萄干和大便搅在一起，你得到的仍然是大便。

同理，把价值投资和投机搅在一起，你得到的仍然是投机。

5. 说真话，你将无需记住你的谎言。

6. 专注——别把事情搞复杂，记住你原来要做的事情。

7. 耐心——克制人类天生爱行动的偏好。

8. 改变——在生活中要学会改变，并接受无法消除的复杂性。

9. 认识和适应你身边世界的真实本质，别指望它来适应你，不断地挑战和主动修正你的观念。

10. 正视现实，即使你并不喜欢它——尤其是你不喜欢它的时候。

11. 你是对是错，并不取决于别人同意你或者否定你，唯一重要的是你的分析和判断是否正确。

七、查理的投资清单

《穷查理宝典》一书中查理·芒格的投资检查清单摘抄如下，可能与上文有重复，但为了让读者记住它们，我觉得也是值得的。

1. 风险——所有的投资评估应该从测量风险（尤其是信用的风险）开始。

（1）测算合适的安全边际。

（2）避免和道德品质有问题的人打交道。

（3）坚持为预定的风险提供适当的补偿。

（4）时刻牢记通货膨胀和利率的风险。

（5）避免犯下大错，避免资本金持续亏损。

2. 独立——“唯有在童话故事中，国王才会被告知自己其实是赤身裸体的。”

（1）客观和理智的态度需要独立思考。

（2）记住，你正确与否，与别人是否认同你无关——唯一能决定你正确与否的是你的分析和判断是否正确。

（3）随大流只会让你往平均值靠近（只能获得中等的业绩）。

3. 准备——“获胜的唯一途径就是工作、工作、再工作，并希望能获得一些洞察力。”

（1）通过大量阅读，把自己培养成一个终生的自学者；培养求知欲，努力让自己一天比一天聪明。

（2）比求胜的意愿更重要的是做好准备的意愿。

（3）熟练地掌握各大学科的思维模型。

（4）如果你想变得聪明，你必须不停地追问的问题是：“为什么？为什么？为什么？”

4. 谦逊——承认自己的无知是智慧的开端。

（1）只在自己明确界定的能力圈内行事。

（2）识别不确定的证据。

（3）抵制追求虚假的精神和错误的确定性的欲望。

（4）最重要的是，别愚弄你自己，而且要记住，你是最容易被自己愚弄的人。

5. 严格分析——使用科学的方法和有效的检查清单，能将错误和疏忽降至最低。

（1）确定价值、过程和财富。

（2）最好是记住显而易见的东西，而不是那些深奥难懂的东西。

（3）要成为商业分析师，而不是市场分析师、宏观经济分析师或证券分析师。

（4）考虑总体的风险和效益，永远关注潜在的二阶效应和更高层次的影响。

（5）要朝前想、往后想——反过来想，总是反过来想。

6.配置——合理配置资本是投资者的首要任务。

（1）是否有更好的使用方法（机会成本）是衡量是否已经最大程度和最好地使用了资本的标准。

（2）好主意特别少——如果赔率对你非常有利，就下重注（配置资本）。

（3）别“爱上”投资项目——要依情况而定，照机会而行。

7.耐心——克制人类天生爱行动的偏好。

（1）“复利是世界第八大奇迹。”如果没有必要，永远也不要中断复利。

（2）避免不必要的交易税和摩擦成本，永远不要为了行动而行动。

（3）幸运来临时要保持头脑清醒。

（4）享受投资结果，也享受过程，因为你就生活在这个过程当中。

8. 果断——当适当情形出现时，果断且深信不疑地采取行动。

（1）当别人贪婪时要害怕，当别人害怕时要贪婪。

（2）机会不常有，机会出现时就要抓住它。

（3）机会留给有准备的人，这就是游戏规则。

9. 改变——在生活中要学会改变，并接受不可消除的复杂性。

（1）认识并适应你周围世界的真实本质，不要寄希望于世界会适应你。

（2）不断挑战和主动地修正你“最喜欢的观念”。

（3）认清现实，即使你不喜欢现实——尤其是当你不喜欢它的时候。

10. 专注——别把事情搞复杂，记住你原来要做的事。

（1）记住名誉和正直是你最有价值的资产——而且会消失于眨眼之间。

（2）避免狂妄自大和厌倦无聊的情绪。

（3）不能因过度专注于细枝末节，而忽视了显而易见的东西。

（4）千万要排除不需要的信息：“千里之堤，溃于蚁穴。”

（5）直面你的大麻烦，不要将它们藏起来。

最后，再次强调和建议，只有大量阅读，才是学习和成长最快的方法。

我们为什么要读历史[1]？

经过一个月的时间，我们完成了多本书的精读挑战，领读人是胡晓光老师。胡老师知识渊博，逻辑性强，他的领读给我们带来了不一样的体验，每天领读都会给我们发出当天需要阅读的内容提纲和需要思考的问题。给大家感受一下领读人每天发的内容，以下仅为其中一天的领读纲要：

第十六章　中国是怎样成为中国人的中国的

讨论的主题　中国的起源和传承

奇特的中国：

在人口最多的六个国家中，只有中国，好像一直都是那个中国。

而其他几个国家：

俄罗斯：1582年之前只是以莫斯科为中心的一个小斯拉夫国家，1582年之后才开始对外扩张，在19世纪才形成现在俄罗斯的雏形。

美国：通过独立战争（1775–1783）才实现建国。

印度、印度尼西亚、巴西：曾为殖民地，近现代才实现独立。

1　作者胡晓光，查理·芒格读书会成员，茄子健康创始人。

中国的语言：

汉藏语系（最大，8亿+人口使用）

南亚语

泰-加岱语

苗瑶语

语言就像是一种“外化的基因”，汉藏语系像汪洋大海一样，包围和分割其他语系的过程，其实就是中国大一统的过程。

粮食生产&畜牧业：

独立驯化了：猪、鸡、狗、鸭、鹅、水牛、大豆、茶叶等。

（从西亚）输入了：小麦、大麦、马、牛、绵羊、山羊。

欧亚大陆的东西轴向便于农业产品的传播。

东西向的中国的黄河和长江进一步推动了这种传播的效率。

中国南北方之间没有巨大的生态阻碍，因此南北方之间的传播效率也不至于很低（后来还有南北大运河的开凿）。

技术的发展：

公元前3000年～前2000年：青铜冶炼。

公元前500年左右：冶铁技术。

其后的1500年里：纸、罗盘、独轮车、火药。

政治制度：

公元前221年就实现了大一统的国家。

在此之前，是“酋长管辖地”之间的混战（其实就是诸侯争霸）。

本章结论：

之所以中国“一直都是”中国人的中国，是由于中国在各个方面都在“最早”之列：最早的粮食驯化、最早的文字发明、最早的各种先进技术的发明等。

由于存在“抢先驯化”原则（见第十章、第十一章），这种先发优势会阻止后发者。

中华文明就像一个“文明漩涡”一样，把周围落后文明一点一点地卷进来实现了同化。

第十六章的延伸

今天继续聊聊策略库的一些特点。

1. 策略库的丰富程度决定了一个整体能否继续占据优势的可能，这个是必要条件，而不是充分条件。这意味着，拥有丰富的策略库未必能获得优势，但策略库不丰富，基本必然无法获取长期优势。对比对象就是中国和澳大利亚。

2. 策略库中优势策略的传播，既可以是时间方向上的，也可以是空间方向上的。比如基因的遗传，基本上是从时间方向上来考虑的；而优势的语言文字、技术、农作物等，则是空间方向上的。

3. 关于策略库中新策略的产生：在生物学领域，就是基因突变；而从模因（MEME）的角度来看，就是信息的“杂交”，即两种不同的模因会杂交出一种新的模因。例如现代理论物理学基本都是物理学和数学两种信息的杂交。

从这个角度来看，我们的个人认知（个人策略库）能够实现飞跃的唯一途径就是获取更多的信息，然后进行思考，从而产生新的认知（即查理·芒格的多元思维模型），每一种都是一种信息策略，从另外一个侧面证明了提升认知的重要性。

在本轮精读完成的时候，领读胡晓光老师写下了这篇文字《我们为什么要读历史》，与共同精读的读书会成员们一起共勉。

一眨眼，一个月之前，我领读的《枪炮、病菌与钢铁》在今天即将结营。

而在结营的日子，我却想放下这本书，回过头来和大家探讨一下“我们为什么要读历史”。

一、用别人的眼睛看世界

人只能活一辈子，这个假设可能在很长一段时间里都还会一直为真。

与宇宙、太阳、地球的存在时间以亿年计相比，我们的“一辈子”真如白驹过隙，匆匆一瞬。

如果说我面对死亡心存恐惧，那最大的恐惧可能是再也无法领略“存在”在这个世界所带来的各种体验，无法再对这个世界的认识加深一分，无法让自己的理性增长一点……

既然这个肉身有如此遗憾，那可能大脑能够略做弥补。我们可以读书，可以从历史的长河中，用别人的眼睛去观察和体验这个世界。我们可以今天在耶路撒冷朝拜哭墙，明天在新几内亚低地和土著一起吃西谷椰子；早晨在马达加斯加体验一下南岛语系，傍晚和因纽特人一起守望极光；睁眼能看到柏拉图眼中的理想国，闭眼能感受到拿破仑在滑铁卢苦等援军不来的无助。某大咖有句话说得非常好："七年就是一辈子。"

读历史，能让我们在短暂的一生中穿越时间的牢笼，体味多种人生。这可能是回报率最高的投资。毕竟，在一个人弥留之际，能够让自己内心安宁平静的不是金钱，而是大脑中的多彩世界。

二、不惑

信息爆炸，技术爆炸，好像一天不上网，就跟不上世界的脚步。

对于新的知识和技术，恐怕是越来越追不上（当然，依然要尽力跟上，而不是放弃努力），但有些道理亘古不变。

读历史，能让我们懂一些道理，然后能够更好地理解现在发生的事，以及大致预测未来可能的趋势（精确预测依然不可能），即所谓"不惑"。

《枪炮、病菌与钢铁》告诉我们，人类的历史和演化与大自然的历史和演化没有什么不同，从来就没有自上而下的设计，只有自下而上的野蛮生长，弱肉强食。于是，在创业时，我们明白没有什么必然能走通的路，只有不断试错，在最短时间内将"不可行"全部摒弃，并且向周围商业环境实现最大优化，才可能找到生存之路。

“死亡是必然，生存是偶然。”

《人类简史》告诉我们，人类之所以强大，只因为我们可以通过语言和想象力一起构造超越一切的宏大虚拟物，例如公司、宗教和国家。于是，在沟通中，我们明白，必须将自己脑海里的“方”，通过一切方法传递给对方，因为在真正沟通清楚前，对于同一个概念对方的脑袋里面装的可能是个“圆”。人类世界中“99%的问题是沟通问题”。

《万历十五年》告诉我们，道德和信念无法在大规模的复杂的社会关系中发挥稳定作用，只有法制才能承担这个责任。于是，在公司管理的过程中，我们明白一个好的制度设计要优于鸡汤和画饼。

读历史，就是要明白别人都犯过什么错，我们不再去犯，便是了。

三、精神的归于精神，物质的归于物质

上面两条，其实更多的是帮助我们达到精神世界的丰盈。

读历史自然没办法直接帮助我们在现实生活中，即在物质世界里得到即时的反馈和收获，但历史一再告诉我们的是，物质世界的丰盈在多数时候只是“精神丰盈”的副产品而已。

是埃隆·马斯克先有对未来科技的偏执追求在先，成为多家高估值（市值）公司的拥有者在后。

是爱因斯坦为了破解自己的“追光之梦”在先，推演

出相对论从而享誉全球在后。

是马云有“让天下没有难做的生意”的初心在先，阿里巴巴以市值5000亿美金成为科技企业在后。

只可惜，很多时候，我们都把因果关系弄反了。并且，物质丰盈也无法反过来使精神世界变得丰盈，或者说物质世界的贫乏也不影响成为精神世界的强者。不论是犬儒主义的代表人物，住在木桶里的狄奥根尼，还是斯多葛学派面对死亡无比平静的塞雷卡，都告诉我们，成为一个在精神世界里伟大的人比成为一个物质世界的富豪要难得多，也更可贵。

“精神的归于精神，物质的归于物质。”“达则兼济天下，穷则独善其身。”

“我脑海里的，只属于我。”读历史有千般好，无一处亏。

只可惜懂得有点晚。

有幸与诸君相识，一起读书，一起读历史，继续共勉。

接受无知，重拾好奇[1]

成年以后，我们有多久没有像小时候那样，经常提一些看似简单甚至愚蠢的问题?

成年以后，我们有多久没有像小时候那样，对这个世界究竟是怎样运行的，始终保持着近乎无尽的好奇心?

成年以后，我们逐渐融入这个社会，磨平了棱角，没有了好奇心，每天所思所想，是如何获得上司的赏识，如何在与职场同僚的竞争中胜出，如何摆脱与亲朋好友相处的各种困惑和纠葛，如何安慰自己面对生活时的种种无奈……

成年以后，我们渐渐变得傲慢封闭，自以为是，同时认为“无知”已经远离了自己。

而事实恰恰相反，任何人，是的，任何人，每天都在变得愈加无知。如何理解这句话呢?

比如，0.00000001这个数字，当我们遇到它时，基本把它近似为0(当然，请忽略要进行普朗克量级的精确计算的情况)。

那么，如果把每个人的知识总量除以人类的知识总量，得到的数字，比0.00000001是大还是小呢?显然是更小，而且小很多。

既然我们把0.00000001近似为0，我们为什么无法接受一个事实，那就是我们面对人类知识的大厦，每个人都近似于无

1 作者胡晓光，查理·芒格读书会成员，茄子健康创始人。

知？并且，这座知识大厦，每天都在变得更加巍峨，而我们每天的进步却微乎其微。

2010年，时任谷歌CEO的埃里克·施密特就宣称，当时每两天产生的数据量，相当于人类文明之初到2003年的漫长时光产生的数据总量，大约是5艾字节（1艾=1百亿亿）。那扪心自问，我们每两天获取的新知识总量，又是多少？

我们经常引用乔布斯的“stay hungary，stay foolish”。“乔帮主”说这句话恐怕不仅是出于谦逊，而是基于上面这个逻辑，平静地接受了这样的事实：面对人类知识总量的日月之辉，即便如自己，也只是萤火之光。

乔布斯如此，我们又如何？

坦白地讲，在创业之前，我也处于文章最开始描述的那种状态，自以为是，好奇心丧失殆尽，无知却很膨胀，但把自己扔到创业的洪流中以后，发现之前所谓出色的职场技能，几乎毫无用处，内心产生过若干次的崩塌。

幸好，我没有在这些崩塌中湮灭，并且重新站了起来。

在这个过程中，第一件要做的事，就是承认自己的无知，完全彻底地接受“空杯心态”。

既然面对人类知识大厦，我们日渐无知这个事实是无法改变的，那唯一能做的，就是把对比坐标放在自己身上，让自己每天都比昨天变得更好，哪怕是一点点。

想清楚这件事，好奇心的闸门才重新开启，“阅读好书”和“与牛人对话”才重新变成人生中最重要的两件事（“与牛人对话”可能需要另写一篇文章，这里只讲读书）。

对于书的选择，其实有很多种不同的维度。

比如，《越读者》的作者郝明义把书籍分为“主食”“美食”“甜点”“蔬果”四种类型，讲究阅读的“营养均衡”。

比如，查理·芒格强调的“多元思维模型”，从数学、物理学、生物学、心理学、经济学等学科的书籍和理论中抽取最基础的模型来完善我们的理性。

还有很多其他的分类方法，不再赘述。

我对书籍的划分粒度更粗一些：“骨骼”与“血肉”。

所谓“骨骼”，这类书籍主要讲述的是关于这个世界是如何运行的，就好比帮你找到这个世界的“骨骼”，在你心里勾画出世界的轮廓。道金斯的《自私的基因》、戴蒙德的《枪炮、病菌与钢铁》、平克的《语言本能》、霍金的《时间简史》等毫无疑问属于此类。

所谓“血肉”，这类书籍则会让你感受到这个世界有血有肉，它是“真实”和“有温度”的。马尔克斯的《百年孤独》、严歌苓的《芳华》、东野圭吾的《解忧杂货店》，以及金庸的小说，都属于此类。

“骨骼”与“血肉”两者之间有时没有明确的分界，比如刘慈欣的《三体》究竟属于“骨骼”还是“血肉”，可能每个人心里都有不同的答案。

对于书籍的选择，我自己是偏好“骨骼”类的，在过去3年中阅读的书籍绝大多数属于此类。

2017年，对我影响最大的两本骨骼类书籍，可能就是《自私的基因》与《枪炮、病菌与钢铁》。之所以影响最大，是因为这两本书的核心思想结合自己的创业经历，让我认为“进化论”可能是这个世界上的“唯一至高法则”，用“进化论”来描述未必最准确，或许用“物竞天择，适者生存”会更妥帖些。另外，强调一下，这个原则绝不局限于生物界。

在曾经写过的一篇蜗牛问答中，我是这样解释自己关于“进化论”是如何主宰我们所在的这个世界的看法的。

1. 宇宙。主流物理学已经接受多元宇宙的观点。即，存在近乎无限多的宇宙，每个宇宙的基础参数（如光速、普朗克常数等）各不相同，但只有合适参数的那个宇宙才能产生智慧生物，来观察和思考上面我们提的问题（有的宇宙无法大爆炸，有的宇宙无法形成恒星，有的宇宙太热……）。

2. 生命。几种基本元素，在原始地球的“原始汤”里经过各种电闪雷鸣产生了有机物，有机物偶然以某种形式聚合形成生命的最原始形态。然而以进化论观点来看，其他元素也可能组合成生命，只是在地球这个环境下，以上的组合占据了优势，并最终形成今天的亿万种生物。由此推论，你不能否定遥远宇宙的某个星球的环境里存在硅基生物。人类发展至今，也不是什么神奇的事，只不过碰巧是我们这支“黑猩猩”更好地适应了自然的选择，于是站在了食物链的最顶端而已。

3. 商业。其实一个公司就像一个“生物”。所有我们现在能看到的活下来的公司全部都是“适者”，在各自的小环境下适应了，从而存活了下来。但环境会改变，小环境也会受大环境的影响，有的公司今天活得很好，明天就死去了（诺基亚之于恐龙）。而有的公司今天很小但明天会很大（阿里从“十八罗汉”时期到今天的独树成林）。有的公司则会通过改变基因，成为另外一种生物实现存活（如大量的创业公司本来想做 A 但差点死掉，最后做了B实现盈利并最终生存了下来）。

还有太多的例子……

其实进化论的核心观点是逆向的。不应该看最终的结果是怎样的，而是除了这个结果之外的其他可能性都已经被自然选择所否决了（这就是为什么我说“成功学是伪学”，因为99.9%的死亡都已经被剔除了。只看最终的0.1%的成功，你就无法将狗屎运从努力、天赋、视野这些元素中完全剔除出去，有点像宏观世界的牛顿力学在微观的量子概率世界中的无力感）。

2018年1月我选择的精读书籍是《自私的基因》，让我们从基因的角度来理解“进化论”的神奇。2018年2月由我来领读的《枪炮、病菌与钢铁》则是从人类社会的变迁与发展的角度，来进一步加深对这种神奇的认知。

最后，再次强调一下，当我们提到“进化论”，请忘记其狭义的生物学含义，而取之以“在多种竞争策略中，能够接受自然严酷筛选的优势策略最终胜出”这个较复杂的定义。

读完这两本书后，希望世界在你心里，会变成另外一个样子。

接受无知，重拾好奇，与诸君共勉。

聊聊机会成本

机会成本是什么?

机会成本是指决策过程中面临多项选择，其中被放弃却价值最高的选择，又称为“替代性成本”，就是俗语讲的“世上没有免费的午餐”“鱼与熊掌不可兼得”。例如某人现在有1小时时间，可在A、B、C三件事中选一件来做，每件事都需要花费1小时才能完成。他若选择了A，就得放弃做B、C的机会；若选择了B，就得放弃做A、C的机会。

弗里德里希·冯·维塞尔认为只要有选择、取舍存在，机会成本便存在。理性的商人力求把机会成本降至最少，这意味着为了当前选择所放弃或牺牲的代价也是最少的。机会成本是经济学中广泛应用的概念，不仅在个人决策中经常会应用到，还可扩展至商品的生产、交换和分配等经济领域。

机会成本可以是主观的。例如某人决定买水果，按照喜欢程度由强至弱来排序，依次是香蕉、苹果和葡萄，如果他买了苹果，机会成本便是香蕉而非葡萄。此后，若他的口味发生转变，例如排序为葡萄、香蕉和苹果，他购买苹果的机会成本便不是香蕉而是葡萄。机会成本有时可以较客观地衡量，比如用货币。例如一名农民选择养猪就不能选择养鸡，则养猪的机会成本就是放弃养鸡的收益，养鸡的机会成本便是放弃养猪的收益。

机会成本是一个很有用的概念，可以被广泛用来解释日常工作和生活中的现象。为什么大部分人都选择节假日出游，而不选择工作日出游？虽然节假日到处人挤人，但绝大多数人还是选择出行。在工作日出行，你的机会成本就是工作日的工资，而节假日出行的机会成本是在节假日做其他事情的最高收益。例如你能在节假日给企业培训赚很多钱，也会使你做出不一样的选择。

机会成本分为显性成本和隐性成本。假如在周末有三件事情可以选择去做：一件是给企业做内训，10000元/天；一件是去大型论坛做公开演讲，5000元/天；还有一件是陪伴家人，0元。你会如何选择呢？如果单纯从显性成本来考虑，选择去给企业做内训是最佳选择，毕竟10000元的收入比后两者要好很多。但如果考虑到隐性成本，选择的就未必会是第一个了，因为大型论坛的公开演讲，给你带来的业界知名度和影响力要比给企业做内训大很多，而陪家人带来的家庭和谐及心情愉悦，是花钱买不来的。如何决策还是需要根据个人的实际情况，以及当下的处境进行更理性的分析。

如何利用机会成本进行选择？

当机会成本显而易见的时候，人们都会做出机会成本更优的选择。但世间的真实情况是，未来是未知的，特别是在投资和职业方面的选择，就存在太多的不确定性，如何能准确理解和判断当下选择的机会成本呢？

从投资的角度来看，手里可用来投资的资金是有限的，可以投资的项目则是趋于无限的，有限的资金去投资那么多项目，只能选择一部分来投入，这意味着难以避免会放弃其他的项目（当然其他的项目有些也未必能让你投资）。那如何来选择项目或者投资标的呢？尽可能选择风险小的投资。毕竟大多数人都是接受高风险高收益的理论，虽说没有什么是绝对没风险而只有纯收益的投资（其实是有的，不要只考虑股票）。作为普通人的我们，如何甄别在可接受的风险范围内有最高收益的投资标的呢？投资应该不仅仅是把资金投入去买股票、买项目，而是有更大的范围。如你有10000元，可以放入股市去买阿里、腾讯的股票；也可以拿来投资到追女朋友上，或许花了这10000元，可以让你早半年将目标美女变成女朋友；也可以将这10000元投资到自己的健康、学习上，或许通过一门课程的学习，会让你找到一份薪水、潜力都更好的工作。这些都是需要根据个人自身的因素和环境等综合来考虑的。

职业的选择相对投资会更难一些，毕竟投资是可以分散的，职业的选择大部分都需要全部投入，大概很少有老板愿意接受你在公司上班，同时还在外面兼职。这样就更需要有理性分析和敏锐的眼光，但未来是未知的，就算基于当前的情况选择了最佳的工作，未必就能笑到最后。从个人职业上来说，选择那些自己感兴趣的、自己有能力做的，并且能给自己成长带来积累的工作，应该会更有价值一些。

那如何才能正确评价机会成本呢？

首先，得确认你的选择是一定可以做，并且可以做成的。不能说我去上班打工了，所以放弃创业的机会（如果早期加入阿里巴巴，现在肯定也是千万富豪了），这个假设是不成立的。

其次，客观理性地分析你所选择的事情能给你带来的收益情况，不仅仅是资金上的回报，潜在可能的部分要打个折扣，得分析能获得潜在收益的概率有多少，这里也会涉及乐观评估和悲观评估。假设你在一家公司占有10%的股权，而这家公司刚被投资商以1个亿的价格买下来，占股10%，市值就是1000万，你觉得你有可能拿到这市值1000万的股票兑现吗？答案其实是未必，甚至很多时候都是拿不到的。

再次，除了显性成本的分析，还需要分析隐性成本。自己选择其中一个工作所需要投入的时间、精力是多少，跟其他选择相比会有多大的差异。我们知道，所谓的财务自由是不需要为了生活而出卖自己的时间，所谓的成功则是能有效地放大自己的时间，释放更多的可能性。那么在做选择的时候一定要考虑相同收益的情况下，我所需要投入的时间是多少。

最后，从各方面综合考虑这个选择能给自己带来的成长空间有多大，因为个人成长才是对我们最重要的事情。在同等情况下，能让我们成长得更快、更好的选择，将是机会成本最优的选择。

理性、准确地分析机会成本，是我们做出最优选择的一种方法，不分析就直接跟风做选择是最不合适的。

浅谈风险管理

风险，就是生产目的与劳动成果之间的不确定性，大致有两层含义：一强调风险表现为收益不确定性；二强调风险表现为成本或代价的不确定性。若风险表现为收益或者代价的不确定性，说明风险产生的结果可能带来损失、获利或是无损失也无获利，属于广义风险。而风险表现为损失的不确定性，说明风险只能表现为损失，没有从风险中获利的可能性，属于狭义风险。风险和收益成正比，所以，一般积极进取的投资者偏向于高风险，是为了获得更高的利润，而稳健型的投资者则着重于安全性的考虑。

通俗地讲，风险就是发生不幸事件的概率。换句话说，风险是指一个事件产生我们所不希望的后果的可能性。

从广义上讲，只要某一事件的发生存在两种或两种以上的可能性，那么就认为该事件存在着风险。而在保险理论与实务中，风险仅指损失的不确定性。这种不确定性包括发生与否的不确定、发生时间的不确定和导致结果的不确定。

从概念中我们可以理解，风险是由未知和不确定性导致的，是未来结果、收益或者代价的不确定性。如我们抛硬币做决策，其实得到正面或反面的结果，长远来看一定是50%。很多时候人们在无法下定决心做选择时，则会通过抛硬币来做决策，美其名曰由自己的运气来做决定。

我们来分析一下抛硬币的概率，每一次抛硬币的结果都是正面或者反面（立着的概率实在太小了，我们这里不予考虑），我们用 H 来代表正面，T 代表反面。那么抛一次得到 H 的概率是50%，而连续两次得到 H 的概率则是50% × 50%=25%，连续得到4次H的概率则是6.25%。假设在一次连续抛硬币的过程中，得到了 HHHH 的结果，那么下一次得到 H 的概率是多少？很多人从直觉上觉得应该是3.125%。但理性告诉我们，在已经得到 HHHH 的情况下，接下来的这一次抛硬币得到 H 的概率仍旧是50%，还有 50% 的概率是 T。也就是 HHHHH 和 HHHHT 的概率是一样的，只是从整个结果来看，从0开始得到 HHHHH 的概率是3.125%。

我跟团队成员曾经在澳门赌场玩过一次这样的游戏，是猜大小的赌博游戏，跟抛硬币是一样的模式。我们观察了一晚上，牌桌上从来没有超过连续4次是大或者小的情况。我们商定每次押注的大小是上一次的两倍，然后一直押大，结果牌桌上连续出了10次小（是否庄家在出老千，我们不得而知）。总之在我们放弃继续押注的情况下，牌桌上的结果才开始显得正常了。在第11次的时候，我们下注的金额已经远远超出了预期的大小，在那个点上我们觉得继续出小的可能性非常低了，但实际情况仍旧是50%的概率，甚至我们内心都觉得一定是会出小的情况……

我在朋友圈中曾发了如下游戏，让朋友们来选择答案，一天后的结果，是大部分朋友都没有选择F。

> 假设有两个人玩公平的抛硬币赌输赢游戏，规则是：
>
> 1. 赌注大小恒定。
> 2. 直至一方输光，游戏才能结束。
>
> 请问，最终决定输赢的是什么？（单选）
>
> A. 手气
>
> B. 谁先抛硬币
>
> C. 抛硬币的次数
>
> D. 游戏总时长
>
> E. 以上皆是
>
> F. 以上皆不是[1]

1 该游戏引自李笑来著《财富自由之路》，第212页。

我在朋友圈中回复：

没有选 F 的朋友，该认真思考下自己的人生了。这个问题反映的是对风险的认识。有个创新的词叫“险盲”，是跟文盲对应的意思。文盲是指没有文化知识，而险盲则是对风险没有概念，完全没有风险意识，在做任何决定的时候完全靠“勇气”而不是理性分析。

实际上，风险意识是人生最重要的一件事情。例如，开车最关键的是什么？大家都知道安全第一，说的就是控制风险。出门外出，父母叮嘱最多的就是注意安全。同样的，在做决策时，要考虑的最重要的因素也是风险，投资理财、赌博都是这个因素占主要地位。查理·芒格说，一定要在自己的能力圈范围内做事情，而不应该去自己完全不了解的领域跟别人竞争，就是因为这样无法理解和控制风险。

首先，要平静地接受第一个事实：

第一，风险是一种客观存在。风险不会因为你怕或者不怕就有所变动。甚至，从广义上来看，即便什么都不做，我们还是时时刻刻有风险陪伴。

为什么风险几乎永远存在呢？因为第二个事实：

第二，一旦有未知存在，就有风险存在。在学过一点概率知识的人中，有一个普遍的误解，就是认为“风险的概率决定风险的大小”。可实际上，衡量风险的首要因素不是风险的概率。

这就是我们要提到的第三个事实，也几乎是摆脱险盲的最重要的事实。

第三，衡量风险大小的决定性因素是赌注的大小。很多人看起来一辈子倒霉，可实际上，所谓的“倒霉”是有来历的——他们对风险的认识是错误的。他们倒霉的原因只有一个：动不动就把自己的全部赌进去。

第四，抗风险能力高低在本质上就是总赌本的大小，尤其是在面临同样概率的风险的时候。反过来看，当赌注恒定，赌本却相对无限大的时候，即便遇到99.99%的风险概率，玩家其实也全然无所谓——赌注相对太小，输了就输了吧。

还有一个现象需要注意：在赌注相对大的时候，智力会急剧下降。为什么高考时总有一些人考砸？就是因为赌注（自己的未来）太大，以致压力太大，进而无法正常发挥。

第五，冒险没问题，但尽量不要被“抽水”。

“抽水”是赌场里的术语，是指赢家要支付盈利中的一定比例给庄家。不要以为赌场太阴险，实际上，开赌场、保证公平是需要开销的，所以，玩家支付抽水是合理的。也不要以为股票交易所太贪婪，实际上，它们收手续费也是合理的。这些，就是无所不在、不可消灭的“成本”。

公平是有成本的。有抽水机制的赌局在本质上是倾斜的。因为即便是抛硬币的游戏，加上抽水机制之后，从长期来看，所有的玩家都会输光，所有的赌注最终都会转化成抽水者的利润。[1]

1　该部分文字引自李笑来著《财富自由之路》，第213、214、215页，有删节。

风险是客观存在的，只要有行为、有活动就存在风险，不论是投资、开车、过马路还是吃饭，只是风险的大小和发生的概率不同而已。文中我用了风险管理，而没使用风险控制，就跟我们在软件开发中对需求变更的管理一样，作为项目经理其实是无法控制需求变更的，只能合理地管理需求变更。为了能更好地管理风险，我们必须做到对风险有足够的了解，上文已经提到了关于风险的概念和几个事实，在接受现状的基础上，如何才能做到更好的风险管理呢?

通过对事情全面地理性分析，了解风险的大小和可能的概率，从而做出尽可能正确的选择。拿投资股票来说，大部分的“韭菜”，其实根本就不了解自己所买股票背后的企业情况，只是看到股价涨跌就跟风买入，不被“割韭菜”才怪。股价是企业价值的表现，从长远来看，股价一定是跟企业价值相匹配的，只是在某些阶段会偏离价值，但从长远看一定会回归价值。

关于股票的实时股价，有个游戏是猜1分钟后的股价是涨还是跌，这个游戏跟抛硬币的结果基本是一致的。也有过一些研究，说用飞镖来扎华尔街的金融报纸，将多次扎到的股票组合进行投资，结果跟专家选择的股票收益相差无几。甚至由大猩猩去手撕报纸，在碎片中找到那些完整的股票名称，组合起来进行投资，其收益结果也跟专家选择的股票类似。这些都说明进行短期预测是基本没有太大胜算的。

我们要对自己的人生负责，对风险进行管理，就必须先得知道接下来这个事情成功的概率是怎样的。所以，数学知识在这里才是最重要的，你必须得知道什么是概率、什么是统计，根据收集到的足够信息和数据，进行概率分析。从长远来看，我们一定要把自己和资金投入概率至少在50%以上的事情上去，当然成功概率越大越好，但也很难有100%成功的事情等着你去做或投资。只要概率能达到80%，甚至70%或者60%，都可以考虑去投入和投资。

前文提到的一点，尽量不要全部投入，就是不要动不动把自己的全部身家投入进去，因为任何事情都不可能有100%的把握，万一那个“不可能”的情况出现了呢？老话说得好，“留得青山在，不怕没柴烧”，就是这个意思。虽然查理·芒格也说事前要进行详尽的调查和分析，一旦确认就重重下注（其实也没有说是全部投入）。

人只要还活着，永远不缺机会，不要幻想着下一次大注，以为抓住一次机会就可以解决所有事情。人生需要不断挑战、不断变化、不断积累才更丰富多彩，也更有意义。经历每一次事件都象征着一次新的开始。

给工程师们推荐必看的10本书

读书是人生最好的成长方法，也是提升自己认知的最短、最快的途径。

查理·芒格走到任何一个地方都要带着一本书，这样即使是航班延误或者是什么别的情况耽误了，他也觉得没有关系，因为他可以坐下来读书。他有一句名言：只要我手里有一本书，我就永远不会觉得浪费时间。

查理·芒格说他所认识的人当中，没有一个不是热爱阅读的。他和巴菲特互称对方为一个长着两只脚的书柜。比尔·盖茨一年大概阅读50本书，还经常向别人传授读书的技巧。

越厉害的人，越喜欢读书！

从最近几年对自己影响比较大的书中挑了10本推荐给大家，我认为书中涉及的内容是工程师们成长过程中需要学习和了解的领域。

一、《穷查理宝典：查理·芒格智慧箴言录》

作者：[美]彼得·考夫曼

出版社：中信出版集团

译者：李继宏

内容简介：

《穷查理宝典》完整收录了查理·芒格的个人传记与投资

哲学，以及过去20年来芒格主要的公开演讲和媒体访谈。他拥有百科全书式的知识，从古代的雄辩家，到18、19世纪的欧洲文豪，再到当代的流行文化偶像，这些人的名言他都能信手拈来，并用这些来强调终身学习和保持求知欲望的好处。全书贯穿了芒格的聪慧机智、令人敬服的价值观和深不可测的修辞天赋。

二、《影响力》

作者:[美]罗伯特·B.西奥迪尼

出版社：万卷出版公司

译者：闾佳

内容简介：

自1986年出版以来，作为获得美国心理协会、美国心理学基金会年度大奖提名的西奥迪尼经典著作，本书已经成为史上最强大、最震慑人心、最诡谲的心理学畅销书。24年来，该书被翻译成26种文字广为传播，全球销量超过300万册。时至今日，本书仍位列亚马逊总排行榜Top400之中，并雄踞消费者行为学和应用心理学类畅销书榜首。也正是在这个畅销版本的基础上，西奥迪尼才衍生出后来为斯坦福大学等多所名校所采用的教材版本。

三、《自私的基因》

作者:[英]理查德·道金斯

出版社：中信出版集团

译者：卢允中　张岱云　陈复加　罗小舟等

内容简介：

《自私的基因》是20世纪的经典著作，这版是三十周年纪念版，在前版本基础上有两章增补和修订。我们从哪里来，又将到哪里去？生命有何意义，我们该如何认知自己？《自私的基因》充满想象力。任何生物，包括我们自己，都只是求生的机器。这本书是实实在在的认知科学，复制、变异和淘汰简单的三种机制可以演变出所有大千世界生命现象里的林林总总。

作者惊世骇俗地在《自私的基因》中提出：我们生来是自私的。人类窥见了社会关系中基本的对称性和逻辑性，在我们有了更充分的理解之后，我们的政治见解当会重新获得活力，并对心理学的科学研究提供理论上的支柱。在这一过程中，我们必将对我们受苦受难的许多根源有更深刻的理解。

四、《世界观》

作者：[美]理查德·德威特

出版社：机械工业出版社

译者：孙天

内容简介：

从地心说到三大定律的跃迁，是人类世界观的一次次脱胎换骨！

亚里士多德的世界观以地球是宇宙中心为信条。

牛顿世界观把动者恒动当作真理。

有没有可能我们现在拥有的世界观，最后也被证明为错误？

有没有可能我们的世界观在子孙后代看来，也是陈旧而诡异的？

从科学、哲学的根本问题，到科学史上的历史事件和哲学主题，彰显了历史、科学、哲学的无止境魅力。本书化繁为简，剖析根本，纵观西方科学两千年，探讨近代科学发展，特别是相对论、量子力学和演化论等理论给世界观带来的冲击和挑战。它拥有的不仅是知识，更是一套新的认知体系。

本书纵论西方科学两千年，探索科学的起源和思维的本质，这是每一个现代人都需要阅读、了解的关于科学的历史和哲理，有助于读者构建正确的世界观。

五、《思考，快与慢》

作者:[美]丹尼尔·卡尼曼

出版社：中信出版集团

译者：胡晓姣　李爱民　何梦莹

内容简介：

人类究竟有多理性?

在书中，卡尼曼会带领我们体验一次思维的终极之旅。他认为，我们的大脑有快与慢两种作决定的方式。常用的无意识的“系统1”依赖情感、记忆和经验迅速作出判断，它见闻广博，使我们能够迅速对眼前的情况作出反应。但“系统1”也很容易上当，它固守“眼见即为事实”的原则，任由损失厌恶和乐观偏见之类的错觉引导我们作出错误的选择。有意识的“系统2”通过调动注意力来分析和解决问题，并作出决定，它比较慢，不容易出错，但它很懒惰，经常走捷径，直接采纳“系统1”的直觉型判断结果。

为了使读者真切体会到“系统1”和“系统2”这两个主角的

特点，卡尼曼介绍了很多经典有趣的行为实验，指出我们在什么情况下可以相信自己的直觉，什么时候不能相信；指导我们如何在商场、职场和个人生活中作出更好的选择，以及如何运用不同的技巧来避免那些常常使我们陷入麻烦的思维失误。

本书将会彻底改变你对思考的看法。

六、《浪潮之巅》

作者：吴军

出版社：人民邮电出版社

内容简介：

一个企业的发展与崛起，绝非只是领导强人即可达成。任何决策、同期的商业环境，都在影响着企业的兴衰。《浪潮之巅》不只是一本历史书，除了讲述科技顶尖企业的发展规律，对于华尔街如何左右科技公司，以及金融风暴对科技产业的冲击也多有着墨。此外，这本书也着力讲述很多尚在普及或将要发生的，比如微博和云计算，以及对下一代互联网科技产业浪潮的判断和预测。因为在极度商业化的今天，科技的进步和商机是分不开的。

诚如作者所言："人的商业知识和眼光不是天生的，需要不断地、有心地学习。经过多年的学习、思考和实践，我认定这样一个规律，就是：科技的发展不是均匀的，而是以浪潮的形式出现。每一个人都应该看清楚浪潮，赶上浪潮，如此，便不枉此生。"

七、《三体》

作者：刘慈欣

出版社：重庆出版集团

内容简介：

《三体》三部曲（《三体》《三体Ⅱ·黑暗森林》《三体Ⅲ·死神永生》），原名“地球往事三部曲”，是中国著名科幻作家刘慈欣的首个长篇系列，由科幻世界杂志社策划制作，重庆出版集团出版。小说讲述了“文革”期间一次偶然的星际通信引发的三体世界对地球的入侵，以及之后人类文明与三体文明300多年的恩怨情仇。《三体》三部曲出版后十分畅销，深受读者和主流媒体好评，被普遍认为是中国科幻文学的里程碑之作。

刘慈欣的作品恢弘大气、想象绚丽，既注意极端空灵与厚重现实的结合，也讲求科学的内涵与人文的美感，具有浓郁的中国特色和鲜明的个人风格，为中国科幻确立了一个新高度。

八、《思辨与立场》

作者：[美]理查德·保罗　[美]琳达·埃尔德

出版社：中国人民大学出版社

译者：李小平

内容简介：

风靡全美的思维方法、国际公认的批判性思维权威大师的扛鼎之作，带给你对人类思维最深刻的洞察和最佳思考。北京师范大学心理学院院长许燕、对外经济贸易大学英语学院院长王立非作序推荐。

变化的世界需要批判式思维，未知的世界需要审辩式思维，复杂的世界需要审慎式思维。无论你当下在做什么，你想要什么，也无论你的感受如何，你的思维方式决定着你正在做的事情，而思维的品质将决定你未来是富裕还是贫穷、强大还是弱小……没有看透纷繁复杂问题的智慧，就不能对问题的各个层面进行分析，也不能界定和获取我们解决这些问题所需的信息，我们就会像漂浮于茫茫大海般晕头转向。强大的理性思维工具，能够助你提升思维的品质，理清自我，洞悉他人，看透世界！

九、《经济学原理》

作者：[美]曼昆

出版社：北京大学出版社

译者：梁小民　梁砾

内容简介：

《经济学原理（第7版）》（微观经济学分册＋宏观经济学分册）是目前国内市场上最受欢迎的引进版经济学教材之一，其最大特点是“学生导向”，更多地强调经济学原理的应用和政策分析，而非经济学模型。第7版在延续该书一贯风格的同时，对第6版做了全面修订和改进。大幅更新了“新闻摘录”“案例研究”等专栏，拓展了章后习题。

N.格里高利·曼昆，哈佛大学经济学教授，曾在普林斯顿大学和麻省理工学院学习经济学。他讲授过宏观经济学、微观经济学、统计学和经济学原理等课程。曼昆教授还是美国国家经济研究局（NBER）的合作研究人员，国会预算办公室、波士顿和纽约联邦储备银行的顾问，以及美国教育考试服务中心（ETS）的经济学先修课程考试研发委员会成员。2003～2005年，他曾担任美国总统经济顾问委员会的主席。

十、《巴菲特之道》

作者：[美]罗伯特·哈格斯特朗

出版社：机械工业出版社

译者：杨天南

内容简介：

在历经60载栉风沐雨的航行中，沃伦·巴菲特在投资的海洋中遭遇过无数挑战，却依然继续演绎着他无与伦比的成功。他谦逊、正直、智慧的品质赢得了世界各地千万人的爱戴，并点燃了人们对于他如何投资成功的强烈好奇。这就是为什么罗伯特·哈格斯特朗相隔10年之后，再次完成《巴菲特之道》第3版的原因。

伴随着巴菲特的个人经历和职业历程，这本书还介绍了很多重要人物，从本杰明·格雷厄姆到菲利普·费雪，再到查理·芒格，他们影响了巴菲特的投资观。

哈格斯特朗将巴菲特的投资方法进行了分解，并演示了为何巴菲特的方法“并未超出任何人的能力范围”。通过本书，你将了解巴菲特如何挑选股票及购买企业，这二者实际上都建立在同样的模式下，其中的行为秘诀被解码为12个投资准则。

通过书中的第一手资料，你会了解伯克希尔-哈撒韦公司如何运用这些投资准则进行企业并购。在学习了如何进行理性决策之后，书中还展示了为什么巴菲特认为集中投资极大地简化了投资组合管理的任务。从中，你还能获知巴菲特如何处理投资管理中遇到的心理挑战，以及在长期投资中耐心扮演的角色。

沃伦·巴菲特管理投资的方法已经跨越了60年，将他的投资准则融入你的思维和投资行动，这或许不能让你成为亿万富翁，但一定会改进并提高你的长期投资水平，你将成为更好的投资者。

图书在版编目(CIP)数据

破茧：从程序员到CTO的创业之路 / 肖劲青，罗志勇著. --北京：中国致公出版社，2020

ISBN 978-7-5145-1697-5

Ⅰ. ①破… Ⅱ. ①肖… ②罗… Ⅲ. ①互联网络—应用—创业 Ⅳ. ①F241.4-39

中国版本图书馆CIP数据核字(2020)第155393号

破茧：从程序员到CTO的创业之路/肖劲青　罗志勇　著

出　　版　中国致公出版社
（北京市朝阳区八里庄西里100号住邦2000大厦1号楼西区21层）

发　　行　中国致公出版社（010-66121708）

责任编辑　王福振

印　　刷　荆州市精彩印刷有限公司

版　　次　2020年10月第1版

印　　次　2020年10月第1次印刷

开　　本　880mm × 1230mm　1/32

印　　张　7.875

字　　数　171千字

书　　号　ISBN 978-7-5145-1697-5

定　　价　58.00元
